EN VIVARAIS

OUVRAGES DU MÊME AUTEUR :

FUSAINS (poésies) 1893.

LÉONCE DESTREMX (Etude littéraire) 1895.

L'ARDÈCHE PITTORESQUE (Impressions de voyage) 1895.

TIRAGE DE « *EN VIVARAIS* »

Il a été tiré : 100 exemplaires avec une Eau-forte de
MALLET, numérotés de 1 à 100. . . 5 fr. »»

400 exemplaires sans Eau-forte 3   50

N° 79

JEAN VOLANE

En Vivarais

Impressions — Descriptions
Notes Historiques — Figures Ardéchoises — Presse
Grandes Industries — Pages Vivaraises

AVEC 40 DESSINS ARDÉCHOIS OU COMPOSITIONS ORNEMENTALES

TOME I

BERGER-LEVRAULT ET Cie, LIBRAIRES-ÉDITEURS

PARIS	NANCY
5, RUE DES BEAUX-ARTS	18, RUE DES GLACIS

1897

PRÉFACE

etit pays inconnu que l'étranger dédaigne pour les cimes alpestres et les cirques pyrénéens ! Humble Vivarais on t'aime.

N'as-tu pas les plaines fertiles des bords du Rhône, tes champs de blé, tes coteaux caillouteux couverts de vignes ? l'olivier de Provence et le figuier d'Italie ?

N'as-tu pas les vertes prairies normandes, les forêts des Vosges et des Ardennes ? N'as-tu pas des paysans aussi beaux que ceux de George Sand, des bûcherons aussi forts que les schlitteurs d'Erckmann-Chatrian et des forestiers aussi intéressants que ceux d'André Theuriet ?

***

Vivarais ! ce nom seul n'évoque-t-il pas tout un chaos de volcans crachant jadis au ciel, leur fumée rouge, tout un troupeau de monts coiffés de châteaux-forts ! Vivarais !... Ce nom seul me traduit le murmure de tes ruisseaux clairs, le grondement de tes rivières torrentueuses et la fraîcheur des sources vives ! Le roi des Cévennes veille sur tes montagnes comme un pâtre sur son troupeau, pendant que le Rhône mugit au pied des ruines antiques de Rochemaure et de Crussol, comme le Rhin mugit à la base des vieux burgs.

*
**

Tes gens ne sont-ils pas de bonne race gauloise ?

Aujourd'hui le mot de Vernon ne sonne-t-il pas comme un chant de triomphe en l'honneur de l'Ardèche !

*
**

Vivarais ! Tes gars sont de solides gars, tes filles sont de vaillantes femmes et tes vieux jusqu'à la mort se penchent sur la glèbe ingrate.

Les malheurs qui découragent les autres hommes ont peu de prise sur les tiens.

Souviens-toi ! Lorsque d'innommables cyclones ont croulé sur tes rivières, rasant tes champs, tes prés, tes bois, tes maisons, emportant des grappes humaines ; lorsque les eaux se sont calmées, coulant sinistrement dans leur lit — tout de sable — les riverains ne sont pas venus s'asseoir sur leurs arbres couchés et se répandre en lamentations. Ils se sont mis à l'œuvre, sans retard, enlevant les cailloux, dégageant les canaux, relevant murs, digues et ponts. Ils ont travaillé sans relâche, repoussé les flots dans l'ancien lit avec l'ardeur des Helviens dans la bataille.

*
**

Ce que l'on aime en toi, Vivarais, c'est la diversité de tes climats, la beauté de tes sites, la sauvage grandeur de tes cascades et de tes abîmes ; c'est aussi la poésie qui se dégage de ton passé, de tes légendes fantastiques.

Ce livre a été écrit en ton honneur, Vivarais. Puisse-t-il n'être pas indigne de toi.

Mai 1897.

Jean VOLANE.

PRIVAS

I

En arrivant par le train, de la passe d'Alissas, la capitale Ardéchoise apparaît comme une traînée de maisons allongées au pied du Mont-Toulon.

Tout autour, c'est un éparpillement de maisonnettes jaunâtres dans les clos de vignes et de mûriers. Quelques rares villas se montrent à travers la sombre verdure des bosquets. Toute cette théorie de claires façades éclate sur le fond plutôt noir des pins et l'on dirait que toutes ces habitations, et Privas lui-même, s'étagent sur les gradins d'un cirque phénoménal au fond duquel, sur la verte plaine du Lac, se livrerait un combat gigantesque.

Car, en effet, Privas est cerné par le plateau du Coiron, l'Escrinet, le Charay, et l'on croirait volontiers qu'il occupe une partie de l'emplacement d'un vaste lac dont les eaux s'écoulèrent un beau jour par la vallée de Flaviac et par celle de Chomérac.

II

Un pâté de toits uniformément gris prolongé par la courbe gracieuse du Cours du Temple et offrant l'aspect d'une gigantesque cornue de chimiste. Le clocher bas, d'après le style roman, semble remorquer son église. Dans le fond, au-dessus du confluent de l'Ouvèze et du Mézayon, le vaste cimetière esquisse une blanche et funèbre miniature de ville. Plus près, le couvent du Sacré-Cœur, la Préfecture et les deux casernes aux toits rouges écrasent Privas de leur masse.

A gauche, sur le ruisseau de Charalon, un pont aux élégantes et vertigineuses arcades relie la capitale des Boutières au Petit-Tournon, village pittoresque, jadis fortifié de bonnes murailles et remparts de terre, entouré d'un grand précipice du côté de la ville et de l'autre de montagnes de fort difficile accès et dominé par le fort de Saint-André, bâti par les protestants.

Au pied du Mont-Toulon sont blottis le vieux collège communal, la prison et la maison de la folie, avec ses hautains bâtiments, ses vastes préaux, ses cours, ses jardins ombreux et fleuris où mille aliénés promènent leur spleen ou suivent leur idée fixe sous l'œil des gardiens.

Du Mont-Toulon, Privas ressemble à un archipel de tuiles grises émergeant d'un lac de verdure.

COURS DU PALAIS (*Privas*)

LE MONT-TOULON

Une marche d'un quart d'heure au-dessus de la prison, à travers un chemin caillouteux, vous conduit au sommet rocailleux et volcanique du Mont-Toulon, masse isolée au milieu de la plaine privadoise. Trois vieilles croix en bois grincent sous les efforts du vent, presque continuel, comme à l'Escrinet ou à Mézilhac. Lors du siège de Privas, les protestants avaient érigé sur ce roc un fort bâti en forme d'étoile et surmonté d'une tour. Le tout était, par un chemin couvert, relié au château de Privas. De toutes ces fortifications, il ne reste plus aujourd'hui qu'une petite fosse aux parois maçonnées, au fond de laquelle croupit un peu d'eau bourbeuse parmi des joncs.

Notes Historiques. — Cette ville, clef des Boutières, n'était composée au plus que de cinq ou six cents maisons mais très riches et opulentes avant leur *folie*. Elle était très bien fortifiée de bons bastions, de fossés, avec un chemin couvert pour communiquer avec le fort de Toulon. Entre le mont Toulon et la ville, on avait mis une bonne redoute pour la défense de ce chemin.

Le 30 avril Privas se soumit au duc de Montmorency. Les assiégés privés d'eau faisaient toute leur cuisine avec du vin pur. Conditions de la paix :

1° Les rebelles demanderont pardon de leur révolte et les soldats après avoir mis bas les armes seront licenciés.

2° Brison et Tavernol, chefs protestants s'ils tombent entre les mains de Montmorency seront à sa discrétion.

3° On abattra les fortifications nouvellement construites entre la ville et le château.

4° L'armée composée de six mille hommes de cavalerie, d'infanterie de milice sera nourrie pendant six jours aux frais des habitants.

La messe interrompue depuis 1560 fut célébrée à Privas le 1er Mai, et le 3 M. de Montmorency en partit.

Le 28 janvier 1621, les protestants de Privas s'emparent du château qui fut « rasé jusques aux fondements » « dequoi fut grand dommage pour être aussi belle que maison du Vivarais ». Tous les papiers, meubles et matériaux furent publiquement partagés. Les vignes, les arbres et les gazons des prés de cette maison furent arrachés.

SIÈGE DE PRIVAS. — Le 6 mai 1629 Louis XIII arriva à Valence et les députés du Vivarais s'étant rendus auprès de lui représentèrent au Roi à quelles insolences se portaient les huguenots et surtout ceux de Privas. Le roi répondit qu'il en ferait tel châtiment qu'il en serait à jamais mémoire. Il donna aussitôt ordre au duc de Montmorency de rassembler à Baix sept régiments et de les diriger sur Privas.

Louis XIII passant par St-Vincent-de-Barrès, Chomérac et Alissas arriva le 14 mai à la plaine du Lac. Le maréchal de Schomberg commandait sous lui et Biron sous Schomberg. Saint-André et Chabreilles commandaient les protestants. Le 19 le Cardinal de Richelieu accompagné du Maréchal de Bassompierre, du Marquis Desportes et de Marillac vint au camp de Privas, avec l'armée qui venait de conquérir le pas de Suze. L'armée royale avait six canons et les assiégés en avaient quatre.

Le 22, arrivèrent le régiment de Champagne et la cavalerie légère de M. d'Alais. Plusieurs seigneurs des environs vinrent grossir l'armée assiégeante. Le 23 et le 24 quatre autres régiments arrivèrent encore. Le tout faisait environ vingt-cinq mille fantassins, de la cavalerie et deux mille nobles volontaires. Le 26 Mai l'assaut fut donné à la ville ; deux cents catholiques y furent tués, trois cents autres blessés. Privas fut livré au pillage. Le butin fut très bon, car c'était une ville riche. Tous les protestants des Boutières y avaient mis en sûreté ce qu'ils avaient de plus précieux.

Saint-André se rendit, passa cinq mois à la prison de Crest et
servit plus tard la France au siège de Casal en Milanais. Nommé
général de la République de Venise sous Louis XIV, il se combla de
gloire au siège de Candie en 1668. Les rebelles du mont Toulon se
rendirent à discrétion et la plupart évitèrent heureusement la corde
par un évènement qui les fit passer au fil de l'épée. Douce commu-
tation ! Lorsque l'armée royale se précipita dans le fort de Toulon, le
feu prit à des barils de poudre. Beaucoup d'assiégés périrent. Ceux
qui s'échappèrent furent rencontrés par des Suisses qui conduisaient
un canon à Veyras et par eux impitablement massacrés. Six à sept
cents hommes périrent, cinquante furent pendus devant le fort par les
goujats de l'armée et cent furent condamnés au galères.

Les biens des Privadois furent confisqués par le roi, les fortifications
furent démolies, défense fut faite aux habitants de rester dans leur
ville.

Depuis sa catastrophe, Privas demeura désert pendant deux ou trois
ans et servit de retraite à des gens de mauvaise vie. Les malheureux
habitants bannis de la ville, dispersés sur les montagnes voisines
erraient autour de leurs habitations écroulées, de leurs remparts
démolis et de leurs champs incultes. Le vicomte de Lestrange, leur
seigneur, les poursuivait de tribunaux en tribunaux, leur demandant
le prix de son château détruit en 1621. Ils se comparaient, dit un
auteur, aux Juifs pleurant sur les ruines de Jérusalem.

Lors de la révolte de Montmorency, Lestrange et Lachamp d'Antraigues, les habitants de Privas se rallièrent à la cause du Roi,
attaquèrent le Petit Tournon, firent prisonniers Lestrange, Lachamp
et incendièrent le Petit Tournon et Charalon. Les deux révoltés
furent décapités à Pont-Saint-Esprit malgré les démarches de Gaston
d'Orléans frère de Louis XIII. En récompense de leur zèle les habitants de Privas rentrèrent peu à peu dans les ruines de leur ville mais
il leur était impossible de payer leurs impositions. Détail piquant :
trois des chefs qui commandaient au siège de Privas, Montmorency,
Marillac et Lestrange furent décapités. Saint-Preuil un des braves
officiers de cette armée eut le même sort ainsi que Cinq-Mars fils de
Deffiat, officier du roi.

⁂

LES BAS-RELIEFS DE RÉGIS BREYSSE. — *Boissy d'Anglas*
dans la journée du premier Prairial est l'œuvre capitale du sculpteur
ardéchois. Ce bas-relief, offert au Conseil général de l'Ardèche,
mesure quatre mètres de long sur trois de haut et compte soixante-
douze figures dont vingt de grandeur naturelle occupent le premier
plan. L'attitude de Boissy-d'Anglas est digne et pleine de simplicité.
L'œil fixé sur la tête de l'homme généreux qui s'est offert en
holocauste pour sauver ses jours menacés par la populace, il tient
son chapeau élevé au-dessus de son front, que ce mouvement
découvre en entier.

Breysse a représenté le général *Rampon* au moment où à Monte-
n'otte, le brave soldat, au milieu du feu qui éclate autour de lui, fait
jurer à ses soldats cernés par l'armée autrichienne, de s'ensevelir
sous les ruines de la redoute confiée à leur garde, plutôt que de se
rendre.

(D'après Ovide de Valgorge)

LES MINES DE PRIVAS

En 1877, les mines de fer oligiste de Veyras, le Lac, Saint-Priest, le Fraysse, dans le bassin
de Privas, ont fourni 520 tonnes de minerai par jour.

Elles ont produit dans l'année 147.414 tonnes, dont la valeur sur le carreau de la mine était
de 1.187.751 fr.

606 ouvriers travaillaient aux mines en ce moment.

Les mines de Lavoulte produisirent 59.722 tonnes d'une valeur de 615.136 fr. et occupaient
206 ouvriers.

OUVÈZE

« Les jours de dimanche et de fête » ainsi qu'il est chanté dans *Faust*, les Privadois font des Mines, de Verdus, de Chassagne et du bois Laville, de Coux, leur but de promenade. Voilà certes des endroits charmants.

En été, Verdus offre ses troncs d'arbre et ses rochers où les amoureux tout jeunes gravent le nom de leur bien-aimée, à tous, la fraîcheur de ses eaux et de ses ombrages. Au bois Laville, on goûte

VALLÉE DE L'OUVÈZE, PRÈS PRIVAS

le pittoresque de la vallée, la poésie des forêts de pins et le parfum des fraises sauvages. La route de Coux est un vrai cagnard en hiver et Villeneuve est une Providence pour les gosiers altérés.

Moi, je préfère Ouvèze. Ça sent la tannerie, la rivière ne recèle que limon, vase, chiens crevés et boîtes de conserves. Je vous l'accorde. C'est peut-être pour tout cela que j'aime ce petit coin. Ces pans de murs branlants, ces toits mal assurés, ces façades muettes, donnant sur l'eau stagnante et trouble des gouffres peu profonds, ces feuillages qui enserrent les vieux murs, tout, jusqu'au vieux pont qui dut servir de passage aux troupes catholiques de Louis XIII, tout contribue à donner à ce coin de rivière un air paisible et vétuste. Ce qui vient troubler ce silence de village mort, c'est en été les baignades de chevaux d'officiers et les plongeons comiques de quelques nageurs enragés qui viennent se donner l'illusion d'un piquage de tête.

ENTREVAUX

D'Entrevaux, gentilhomme protestant, avait mis son château sous l'obéissance du Roi et y avait logé le comte de Soissons et le cardinal de Richelieu. (COMMENTAIRES DU SOLDAT DU VIVARAIS, p. 334.)

I

Aux portes de Privas, les constructions minières jettent leur note rouge parmi les arbres rares et la teinte grisâtre des coteaux. Quelques treuils tournent mollement sous l'action de lâches courroies et les tuyaux d'échappement sont asthmatiques. Des monceaux de minerai s'étagent au bord de la route, et les rails qui allaient prendre au pied des collines rongées, la pierre nécessaire au remplissage des galeries, sont veufs de tout vagonnet. La rouille a déposé son empreinte sur tous ces Decauvilles.

En quittant les Mines où jadis un millier d'ouvriers rouges jetèrent leur animation et leurs pièces de cent sous, la route de Saint-Priest longe un instant l'Ouvèze, puis s'engage dans les terrains marneux semés de ci, de là, de quelques jolies maisonnettes dans les clos.

A un tournant du chemin, Entrevaux apparaît flanqué de ses quatre tours à hauteur du toit, château massif et noir dans de vieux arbres, des prés l'entourent et descendent vers l'Ouvèze qui coule tout près entre ses rideaux de chênes, d'aulnes et de peupliers. car le propriétaire actuel a voulu laisser la nature œuvrer librement.

Sur la rive opposée, le talus du Coiron se dresse avec des traînées de châtaigniers, là où passèrent les coulées volcaniques parmi des bosses grises, arides, désolées.

II

Le lierre envahit la façade du château, encadre les fenêtres, grimpe, s'accroche, puis retombe agrestement sur la porte, frôlant le front des visiteurs. Me voici dans la salle des chevaliers, vaste pièce de quatre-vingt-dix mètres carrés éclairée par de grandes fenêtres à croisillons. Les solives du plafond sont en saillie ; une cheminée géante en occupe le fond. Canapés, fauteuils, chaises datent de Louis XIII et de Louis XIV. Sur les murs des portraits du XIVe siècle aux tons jaunis, panoplies d'armes anciennes, vieilles gravures et tableaux modernes.

Le maître de céans, M. Benoît d'Entrevaux, très aimable, me

reçoit. Assis autour d'une table chargée de livres ardéchois, nous causons : littérature, archéologie, peinture. M. Benoît d'Entrevaux a brossé pour son plaisir personnel quelques paysages d'un grand charme.

— Je prépare, me dit-il, un travail sur Cheylus où se trouvait jadis un village de cinq à six cents habitants. M. Henry Cévèn, que vous connaissez un peu, ajoute-t-il avec un sourire bon enfant, aura l'occasion d'éreinter MM. les Archéologues. Je fais de l'archéologie et de

CHATEAU D'ENTREVAUX

la généalogie, poursuit-il, non point pour le plaisir d'exhumer et de classer ce que d'aucuns appellent irrévérencieusement des tessons et des ferrailles, mais pour me faire une idée juste des rapports existant autrefois entre les seigneurs et les paysans ; pour connaître la manière de vivre, les mœurs de cette époque si proche de nous et pourtant si inconnue ; pour reconstituer en un mot, dans un coin de terroir, l'état social, la vie de ce que nous appelons l'Ancien régime

Et M. d'Entrevaux a des idées neuves qui lui sont venues par la lecture de documents intéressants, par de longues études, sur le droit d'aînesse, la corvée, les droits du seigneur. Le jour où il publiera le résultat de ses recherches et de ses réflexions, l'histoire sera éclairée d'une autre façon et il coulera certainement beaucoup d'encre dans l'Ardèche et probablement ailleurs pour protester contre ces nouveautés

III

Tout en causant, nous entrons dans la chambre historique où coucha Richelieu. Une grande cheminée écussonnée aux armes des Bénéfice de Cheylus, propriétaires du fief d'Entrevaux au XVI et XVII siècle, frappe la vue. Les murs sont tendus de rouge grenat. Le lit Louis XIII est à colonnes et drapé. Les fauteuils sculptés datent de Louis XIV.

Une crédence Louis XIII avec incrustations et cariatides en bois doré fait l'admiration des connaisseurs. Sur une commode en bois de rose, avec ornements de cuivre ciselé, éclate la blancheur d'un groupe en marbre représentant l'*Amour et Psyché*, œuvre d'un sculpteur italien élève de Canova.

A côté de la chambre de Richelieu, est une autre pièce Louis XV de dimensions moindres tendue en étoffe jaune.

Au rez-de-chaussée, à droite du vestibule se trouve une salle à manger Louis XVI avec une voûte surbaissée, grande cheminée en pierre, et renfermant une curieuse et précieuse collection de faïences et de cristaux. En face de la salle à manger, dans la cuisine, des dressoirs sont chargés de faïences, d'étains du XVII siècle et de cuivres de diverses époques.

IV

Entrevaux est vraisemblablement du XVIe siècle si l'on se base sur la forme et les dimensions des ouvertures et la position de l'escalier qui se développe au milieu du bâtiment comme cela se faisait à l'époque de la Renaissance. On sait, nous dit M. Benoit d'Entrevaux qu'antérieurement, les *jours* étaient étroits, peu nombreux et que l'escalier était généralement placé dans une tour d'angle.

Ce qui fait le principal attrait d'une visite à Entrevaux, c'est la distribution intérieure demeurée intacte depuis la construction de l'édifice. C'est un des rares châteaux de France qui n'ait pas été remanié et modernisé. Ici, l'on peut donc se faire une idée exacte de ce qu'étaient les habitations seigneuriales d'autrefois.

V

« Me voilà rentré, mon cher ami, dans la grande ville après huit jours passés — trop vite — dans notre vieille demeure que j'aime de plus en plus et dont je rêve souvent. Huit jours en plein moyen-âge, voilà qui n'est pas banal en cette fin de siècle ! Entrevaux est décidément un vrai château et nous console un peu des affreuses maisons modernes où tout est neuf, brillant et astiqué comme le pioupou de la chanson.

. . . .

.... Si notre époque a du bon, elle manque en tout cas de poésie et de grandeur ; elle est peut-être brillante ou plutôt clinquante, mais

parfaitement banale ; la banalité se constate surtout dans des
constructions qui sont toutes en style *gare* de *chemin de fer*. C'est la
triomphe de la ligne droite qui est le plus court chemin de la
monotonie à la monotonie.

Bref, du diable si nos beaux châteaux actuels font jamais à
quiconque l'impression que m'a faite Entrevaux, un soir de clair de lune
quand sa masse sombre se détachait majestueusement sur un ciel
bleu vert ; il ne manquait au tableau que les créneaux, les ponts-
levis, les archers, les hommes d'armes et le son du cor. Il est vrai
qu'avec un peu d'imagination, l'on pourrait reconstituer cela, et je
vous l'avoue, je ne m'en suis pas fait faute.

...... Libre à certains de préférer les modernes villas
chinoisement bariolées, les meubles cocasses et dorés au similor, de
s'étonner devant les décors en stuc plaquant les façades de nos
maisons, de s'extasier devant les constructions en ferraille qui
dominent chez nous, moi je *sens* quelque chose devant Entrevaux qui
me grandit et m'émeut. Entrevaux, grâce à vous devient un musée des
plus curieux et certains de vos meubles ne dépareraient pas Cluny. »

Voilà ce qu'écrivait à M. Benoît d'Entrevaux un peintre parisien qui
rend ses impressions de façon très originale.

VI

Entrevaux disparaît avec ses tours écimées en 1793, derrière un
monticule couronné de quelques maigres pins et brusquement je
tombe de mon rêve romantique dans un paysage sillonné de rails,
creusé de puits, hérissé de hautes cheminées rouges et de roues
immobiles dans le soir : toutes choses bien modernes.

Notes Historiques.

Notes Historiques. — Le premier seigneur (connu) d'Entrevaux fut Antoine de Bénéfice de Cheylus vivant au milieu du XVIᵉ siècle. Cette famille posséda ce fief jusqu'à la fin du XVIIᵉ siècle.

Après les Bénéfice, vinrent les d'Itier qui furent propriétaires d'Entrevaux jusqu'à la mort de Louis d'Itier, à Privas, en 1791, dernier représentant de sa race.

Enfin les de Brossac qui demeuraient au château pendant la Révolution, quittèrent le pays après la tourmente et vendirent le manoir à un paysan qui se mit en devoir de détruire l'intérieur du château et à couper les bois qui l'environnaient. Ce que voyant l'arrière-grand-père du propriétaire actuel, allié aux Bénéfice et aux d'Itier racheta le domaine pour le préserver de la ruine totale.

Le susdit paysan ne garda heureusement le château que très peu de temps, car sans cette circonstance il n'en resterait peut-être pas pierre sur pierre aujourd'hui.

***

Le 29 décembre 1619, M. de Lestrange, seigneur de Boulogne qui assiégeait Privas avait envoyé à ses troupes de se tenir prêtes à se rendre dans la ville ; ce qu'elles firent et vinrent à St-Priest où elles dissipèrent et saccagèrent tout ce qu'elles trouvèrent et delà se retirèrent à Privas.

***

Pourquoi Richelieu logea-t-il à Entrevaux ? — Le Roi qui était un soldat dans toute l'acception du mot ne s'occupait guère, lorsqu'il était en campagne, du confortable, il restait au milieu de ses troupes et donnait l'exemple du courage à ses officiers et à ses soldats ; lors du siège de Privas la maison qu'il choisit en face de a ville assiégée au centre de son armée lui permettait de diriger lui-même l'action et de donner rapidement ses ordres aux généraux. Quant au Cardinal, celui-ci prit ses quartiers à

Entrevaux vraisemblablement pour pouvoir plus à l'aide négocier avec les chefs du parti protestant qui ne se seraient pas hasardés à aller le trouver au milieu de l'armée.

On sait que pendant les guerres religieuses les négociations secrètes marchaient de pair avec les opérations militaires et l'habile ministre dut plus d'une fois avoir des entrevues ignorées avec les généraux protestants venant discuter les conditions de leur soumission. Sous ce rapport Entrevaux était bien choisi.

Enfin la présence du Cardinal dans ce château maintenait en l'obéissance le seigneur du lieu (Réné de Bénéfice) qui avait plusieurs fois combattu l'armée royale avant la venue du Roi en Vivarais. Voilà comment on peut expliquer que le roi logeât dans une mauvaise ferme et son ministre dans un château assez somptueux.

(D'après Benoît d'Entrevaux)

❊

GROTTES DE LA JOBERNIE. — Aux environs de Privas et de Coux, on peut voir de grands rochers dans lesquels il y a plusieurs cavernes que les protestants avaient fortifiées, et où ils arrivaient de rochers en rochers par plusieurs échelles qu'ils tiraient après eux. Beaucoup de familles et notamment celles des campagnes s'étaient logées là-dedans et y avaient porté leur biens, armes et munitions de guerre.

LE LOGIS DU ROI

Le 19 mai, Sa Majesté se logea à la maison de Garnier à
la distance d'une volée de canon de la ville d'où elle
ne partit durant tout le siège qu'elle voyait et jusqu'au
moindre combat, des fenêtres de sa chambre : ce qui
obligea toute la cour à prendre parti dans cette maison
autour du Logis du roi, où MM. les courtisans étaient
plus incommodés qu'à Paris.
(LES COMMENTAIRES DU SOLDAT DU VIVARAIS.)

Une ferme ordinaire couchée dans la marécageuse plaine du Lac au bord d'un petit chemin aboutissant à la route de Chomérac.

Un portail bas avec la date 1604 incrustée dans la pierre. Dans un recoin de la cour la vasque d'une ancienne fontaine présente en saillie : 1606. En face du portail une porte permettant d'apercevoir l'escalier dont les marches furent foulées par Louis XIII, Richelieu, les Porthos, les Aramis, les Athos, et tous les gentilshommes qui faisaient l'ordinaire suite royale. Dans les appartements, rien de particulier, nous dit un voisin, il n'y a rien. Une vieille femme interrogée ignore même l'existence et le nom de cette demeure historique. Près de ces pièces où les hommes de guerre du temps dressèrent des plans pour attaquer Privas, un moulinage fait gronder sourdement ses rouages.

ANTRAIGUES

VALLÉE de la VOLANE (En amont d'Antraigues)

Pour le voyageur qui remonte la vallée de la Volane, Antraigues apparaît et se dérobe une dizaine de fois, tant les tournants de la route sont nombreux. Elle surgit enfin, cette féodale bourgade assise sur sa masse de rochers verdis par la mousse et escaladés par les poteaux télégraphiques, entre le Mas, la Bise et la Volane, ces trois curieuses rivières du pays des volcans.

Le château des anciens comtes, l'Eglise moderne, écrasent de leur masse les petites maisons à terrasses de ce que l'on peut appeler l'aristocratie du pays. Sur tout cela, l'orgueilleuse tour carrée s'élève et semble encore surveiller les trois vallées comme au temps des escopades.

❊❞❊

Par cette matinée de rosée, de soleil éclatant, de ciel bleu, dans le calme absolu de l'air, le rocher d'Antraigues avec ses clos de vigne prend un aspect de verdure fraîche. Au bas d'une coulée coiffée de lierre et cotoyée par la route de Vals, Fontchaude repose — abri délicieux d'où viennent les premiers raisins et les premières figues — et descend en pente douce et gazonnée vers la rivière aux gours noirs.

Aujourd'hui l'eau très claire, s'émiette en sautant par dessus les barrages avec un bruit frais. Un rocher se reflète dans une prise d'eau, avec ses anfractuosités saillantes grâce à l'opposition violente de l'ombre et du soleil; tout cela donne l'impression d'un paysage contemplé à travers un appareil photographique.

A gauche, à mi-côté, une Vierge à l'Enfant, noircie par la bise et la pluie en cette gorge venteuse, domine la verdure du bord de l'eau; le volcan de *Coupe* jette sa note rouge dans le vert des châtaigniers et l'*Espissart* se dresse, muraille noire, avec sa grotte plus noire encore, toute chantante du ruissellement des sources froides.

Dans le fond, la montagne des *Auches* semble barrer la vallée et faire de ce coin le bout du monde. Ah! la jolie montagne aux courbes gracieuses terminées par des roches menaçantes, inaccessibles et dentelées à l'infini; la jolie montagne vêtue à mi-hauteur d'une robe de châtaigniers noirs tant ils sont verts. Je ne crois pas qu'il existe un coin si posément chaotique, si calme et si souriant dans sa sauvagerie.

※

Toutes les ruelles d'Antraigues aboutissent — tels les rayons d'une roue — à la place ombragée de marronniers, où le dimanche, on fait d'interminables et palpitantes parties de boules, suivies avec quel intérêt ! par une double haie de curieux. Les femmes qui circulent en jolies toilettes enlèvent à la bourgade cet air « *village* » commun aux agglomérations de la montagne. C'est qu'Antraigues est presqu'un faubourg de Vals. En semaine, des caravanes d'étrangers viennent y excursionner et jettent aux abords de la grande place, l'éclat des robes claires et le bruit de conversations parfois extraordinairement animées.

22 août 1896.

Notes Historiques. — César à la tête de son armée partit du pays des Helviens et malgré les rigueurs de la saison s'ouvrit un chemin à travers les neiges qui couvraient les Cévennes. Près de Mézilhac, le plateau porte le nom de Champ de Mars ou Camp de César et tout près d'Antraigues, des ruines appelées Château de Rome, commandent le passage du Col des Portes par où passa Jules César.

※

En 1320, un Pierre d'Antraigues était cité parmi les feudataires immédiats du roi. Plus tard, les seigneurs d'Antraigues détroussaient les voyageurs et certains furent écartelés à Toulouse. Plusieurs historiens ont dit qu'*Honoré d'Urfé*, l'auteur célèbre en son temps de l'*Astrée*, écrivit plusieurs chapitres de son roman dans le château d'Antraigues. En 1627, le baron de Brison, chef des protestants, n'ayant pu réussir à s'emparer d'Aubenas, se dirigea vers Privas en passant pas Antraigues. Là, le sieur de Vallon, maître du château, leva 200 hommes et du haut des montagnes, escarmoucha les 800 protestants et leur tua ou blessa 50 ou 60 soldats.

Pendant la Révolution Antraigues fournit des hommes remarquables, Emmanuel Delaunay, comte d'Antraigues, rival de Mirabeau, libéral, qui ensuite émigra, mari de la Sainte-Huberti, et qui mourut tragiquement près de Londres où il était ambassadeur de Louis XVIII. Cet aventurier a été présenté par Jules Claretie dans son roman : les *Muscadins*, comme un conspirateur redouté du Directoire et de Napoléon.

M. Léonce Pingaud, professeur à la faculté de Besançon, a consacré tout un volume au comte d'Antraigues sous ce titre : *Un agent secret de l'Emigration*. M. Albert Perrin, dessina pour le livre de M. Pingaud, un magnifique portrait reproduit par l'héliogravure.

Giraud-Soulavie séjourna quelque temps à Antraigues comme vicaire. Sont nés également dans ce chef-lieu de canton : Claude Gleizal, conventionnel, et Achille Gamon, conventionnel, garde des sceaux et poëte tragique. On cite de lui " *Beaurepaire* " et " *Charlotte Corday* ". Le château d'Antraigues est intact : on y a établi la Mairie, mais celui de Labastide appartenant également aux Delaunay fut démoli en 1792 par les gens de Genestelle, d'Antraigues et de Meyras. Certaines familles des environs possèdent encore des ustensiles de cuisine emportés lors de la destruction de la terrible forteresse. Il y a une quarantaine d'années, un descendant des comtes d'Antraigues vint reprendre deux canons conservés à la Mairie d'Antraigues et provenant des possessions de ses pères.

⁂

NOTE. — *La Gibosse*, roman de Camille Debans, se déroule entre Vals et Antraigues. Il y est question de Vals, d'Aizac, d'Asperjoc, de La Bastide, d'Antraigues, de Lachamp, du Ray-Pic et de divers sites ardéchois.

JOSEPH GAMON

Naquit à Antraigues-sur-Volane en 1767. Il est l'auteur de trois œuvres dramatiques, de Charlotte Corday *et de* Beaurepaire. *Cette dernière valut à Gamon les félicitations de Marie-Joseph Chénier et de Mercier.*

Retiré de la vie politique il publia un Voyage en Ardèche *et ce* Retour au toit paternel *si plein de charme et d'émotion et qui fait pressentir chez l'auteur un précurseur de Lamartine.*

> Salut, toit paternel, demeure solitaire
> Longtemps abandonnée, à mon cœur toujours chère,
> Rochers, arbres, ruisseaux, monts altiers, sombres bois,
> Lieux qui m'avez vu naître, enfin je vous revois.
> O ciel, ramène ici les heures fortunées.
> . . . .
> O vallon des Pallets ô, ma douce patrie
> Je t'aime, il me suffit.

Joseph Gamon mourut à Antraigues en 1832.

〰〰〰

LA COUPE D'AIZAC

Un chemin caillouteux monte sous les châtaigniers jusqu'au pied du volcan. Des fermes dispersées, de grandes plaques de terrains cultivés jettent leur note grise dans le vert du paysage. Du milieu des pommiers, des poiriers et des pruniers aux branches lourdes, émerge la maison habitée jadis par un intendant de Jacques Delaunay, comte de La Bastide ; et ses deux étages surmontés d'une cheminée monumentale en pierres de taille lui donnent un aspect de donjon.

Du pied de la Coupe, un étroit chemin forestier grimpe jusqu'au cratère, faisant de nombreux lacets, un chemin frayé dans les scories légères et la cendre rouge.

En une heure, sans fatigue, au pas de promenade, l'on arrive au point culminant et le cratère en forme de coupe ébréchée vers le nord, apparaît avec ses parois couvertes de brouissailles et son fond planté de châtaigniers.

La bise passe dans les pins récemment plantés au faîte et les épaisses touffes de genêts, avec un bruit de train roulant dans le lointain. Et ce vent vous remet des chaleurs accablantes des plaines.

Des voix montent : voix de pâtres, appels de laboureurs, bruit de clochettes, cris d'animaux atténués et poétisés par la distance.

. Les genêts, les clochettes bleues poussées dans cette cendre, les fines graminées, les pins, les églantiers vous envoient leurs odeurs par bouffées. Fête pour les sens. Des hirondelles de montagne vous frôlent avec un petit cri aisément perçu dans cette solitude ; des alouettes sorties des genêts, s'élèvent gauchement, se pourchassent de rocher en rocher, loin des chasseurs.

Mais la vraie fête, la fête intense est pour les yeux flattés par toutes les couleurs des vastes étendues.

La ligne d'horizon se trace vaguement entre le blanc neigeux du ciel et la buée bleue qui monte de la terre dans les matinées d'août. C'est le bois de Cuze avec ses sapins noirs et ses prés verts ; les toits rouges de quelques maisons de Mézilhac, la morne et grise vallée de la Volane, le Champ-de-Mars, plateau herbu où César rencontra les premières bandes gauloises ; le rocher de Gourdon, carré, trapu, bleuâtre et dominant le col de l'Escrinet.

Puis le Coiron dresse sa plate-forme au-dessus de l'Ardèche et d'Aubenas dont les clochers, les dômes aux toits d'ardoise, reluisant au soleil, donnent l'impression d'une ville orientale, d'une ville de rêve.

C'est le Tanargue massif et gris, la Gravenne de Thueyts, toute rouge comme sa sœur, la Coupe, le suc de Bauzon, le pic de l'Etoile, et le cratère d'Etain, dominant la vallée de Besorgues et le grand amas de ruines blanches qui fut le château de La Bastide, pillé et brûlé en 1789 par les gens du Vivarais.

Puis au-dessous, bien au-dessous de soi, sur le volcan de Crau, le château de M. de Fabras dresse parmi des arbres séculaires, ses quatre tours massives.

Au fin fond de la vallée, sur un rocher sec, c'est Antraigues avec ses toits moussus pressés au pied de la tour carrée ; Antraigues, la vieille bourgade féodale, pays d'Emmanuel Delaunay, de Gleyzal, de Gamon, l'auteur de quelques drames oubliés et d'une charmante pièce de vers sur le retour à sa maison des Palets, la maison du Président comme on l'appelle encore — élégante demeure assise dans les prés au bord de la Bise, au milieu des roses, des boules de neige, des grands peupliers...

~~~~~~~~~

LE CHATEAU DE LABASTIDE. — Il s'élevait sur une falaise basaltique au bas de laquelle gronde la Besorgues. Ce n'est aujourd'hui qu'un éboulis de pierres et de platras. Ce château, demeure des Delaunay, était le suzerain de celui d'Antraigues.

Jacques Delaunay, père du comte d'Antraigues, avait une réputation de triste sire puisque l'on disait couramment dans les campagnes : « Méchant comme Jacques Delaunay. »

En 1670, le seigneur de Labastide redoutant la colère de Jacques
Roure et se trouvant au milieu d'un pays révolté, refusa l'hospitalité
à l'Albenassien Joachim Serrode, accompagné de sa femme et de ses
enfants. Errants, traqués par les partisans de Roure, les malheureux
furent massacrés au champ de Mouschères. non loin de l'endroit où
tomba vers 1821 un volumineux aérolithe.

RIVIÈRE VIVARAISE

VALLÉE de la VOLANE (En amont d'Antraigues.)

Cette rivière,
autrefois appelé :
Volant, est une
des plus curieuses
de l'Ardèche et le
type des cours
d'eau vivarais.
Durant ses vingt-
cinq kilomètres
elle traverse les
pays les plus divers quant aux mœurs et quant au climat.

Elle relie le plateau de Lachamp-Raphaël enseveli pendant neuf
mois sous les neiges, à la plaine d'Aubenas couverte de vignes, d'oliviers, de mûriers, de figuiers, une vraie petite Provence !

Et c'est pour effacer cette énorme différence que cet embryon de
rivière saute de cascade en cascade, de cascatelle en cascatelle, de
« raï en raï » (1) pour le plus grand plaisir du passant.

(1) Endroit où l'eau glisse très rapidement le long d'un bloc uniforme où à travers de gros
cailloux. Le Raï-Pic est une glissade presque verticale.

Née au sud de l'Areilladou, masse basaltique au front noir souvent couronné de brouillards, de « nèblo », la Volane coule en hiver sous un tas de neige amené là par le vent et comblant l'étroite vallée, en été : sous les hêtres noirs, parmi les airelles et les framboisiers.

VALLÉE de la VOLANE (En amont de Vals).

II

A Mézilhac, village à cheval sur un col ventueux, dans les prés à l'herbe rase, la Volane change brusquement de direction et se dirige vers le Sud, parallèlement au Rhône. Jusqu'à Laviolle, ce ne sont qu'effondrements de rochers, montagnes pelées, grisâtres, sauvages. Des fermes isolées, dont le toit gris se confond avec les blocs granitiques, s'aperçoivent au bas de quelque bout de prairie établi à grand peine.

Les orages, les trombes ont marqué leur passage par de longues et larges éraflures jaunes qui balafrent les versants de la vallée. De la route, qui, de Vals à Méziihac, longe la rivière, on se sent perdu dans ce pays ingrat, aux rares maisons, et tous ces bruits champêtres qui font le charme de la pleine campagne semblent avoir disparu pour faire place, tout juste, aux aboiements d'un chien perdu dans quelque ravine, à des tintements de clochettes, à un farouche cri d'aigle ou d'épervier au sommet d'un rocher colossal et terrible. Peu de chants de pâtres ou de laboureurs. Les gens sont silencieux et tristes comme leur pays.

III

A Laviolle. apparaissent des maisons hautes avec des tuiles, un clocher svelte surmontant une assez originale façade d'église, des prés aux regains verts, des pommiers, des châtaigniers et quelques pieds de vigne acagnardés au pied des murs ou plaqués frileusement contre les façades méridionales du village.

Maintenant, la rivière modère son allure dans les gouffres cachés sous les aulnes ou le long des premiers moulinages.

A deux kilomètres en aval, les montagnes se resserrent encore davantage et c'est une nouvelle course échevelée à travers un lit encombré de blocs énormes. Des hameaux collés au flanc des monts semblent se pencher sur les eaux claires de la Volane et suivre la capricieuse rivière dans ses sauts et ses méandres.

Des châtaigniers et des prés au pied des collines, de vastes étendues de bruyères roses, puis au-dessus, des pâturages pleins de genêts verts et enfin des rochers abrupts couronnant les hauteurs, telle est la composition du paysage. Avant d'arriver à Antraigues, la vallée se resserre si extraordinairement que la route a été pendant un kilomètre entièrement taillée dans le granit, à coup de mines. La Volane a quelquefois un mètre de large, tant la gaine de rochers est étroite. Elle sort d'un gouffre et passe dans un autre avec une petite chute d'une blancheur de neige. Tantôt elle descend par un raï dans un « gour » enclavé dans les rochers blancs en formant un nuage immatériel qui se résout en pluie impalpable. Des truites cherchent à remonter ces courants rapides, et leurs corps noirs se profilent pittoresquement sur la blancheur de l'écume. Des gamins placent sur le parapet d'énormes cailloux qu'ils envoient, d'une poussée, dans le vide. La masse produit des étincelles en s'écrasant sur les roches blanches et les mille fragments pénétrant dans l'eau improvisent une multitude de geysers en miniature. Rousseau raconte dans ses *Confessions* que c'était là une de ses distractions les plus chères.

IV

CHAISE du DIABLE
Vallée de la Volane (En amont de Vals).

Antraigues est en pleine région volcanique. La Coupe d'Aizac, le cratère de Crau, le pic de l'Etoile et le volcan d'Etain ont rejeté vers la Volane et ses affluents, la Bise et la Bezorgues, des ruisseaux de lave.

La plus claire rivière de France, dit-on, longe « l'Espissart » au pied duquel sortent les fontaines d'Aubenas, le rocher du « Fromage » énorme masse basaltique inaccessible qui se dresse — telle une éponge monstrueuse — sur le petit chemin qui mène directement au bourg. Un peu plus bas, elle reçoit le Mas et la Bise et c'est de ce confluent que tous les photographes ont pris la vue d'Antraigues : une plate-forme rocheuse et escarpée, couronnée de maisons anciennes que domine la tour carrée, ancien beffroi des comtes d'Antraigues, sentinelle veillant sur les trois vallées.

Toujours bruissante, cascadante et resserrée, la Volane gambade

vers Vals, actionnant les nombreux moulinages qui font la richesse
de cette région peu fertile. C'est toujours des rochers aux formes
bizarres, représentant des animaux fantastiques, des camées égyp-
tiens, des profils de rois. Près de la « Reine de Fer » les soirs de
lune, on peut admirer un profil bourbonnien d'une ressemblance
frappante avec Louis XVI.

Près du « Rigaudel » on remarque un immense fauteuil sculpté
en creux dans une coulée basaltique et que certains appellent
« Fauteuil du Diable » ; un peu au-dessous, c'est l'éboulement d'une
Chaussée de Géants : plus bas encore, c'est aussi une Chaussée ornée
d'une grotte de proportions énormes par dessus laquelle se précipite
un ruisseau.

Enfin, à Vals, la rivière sortant de l'étroite gaine dans laquelle elle
a coulé durant vingt-quatre kilomètres, débouche dans une petite
plaine, s'étend parmi les cailloux, traverse la ville ancienne, voit ses
eaux si limpides, troublées par les peu poétiques égouts et pénètre
dans le quartier mondain, le moderne quartier des Eaux.

Et la Volane qui, peut-être, a servi de miroir à quelque monta-
gnarde au cœur simple, aux toilettes peu compliquées et au langage
moins que fleuri, doit être tout étonnée à la vue des beaux hôtels
flanqués de balcons, des parcs ombreux et civilisés qu'elle longe, du
Casino où résonnent des voix étrangères, surprise du bruit des pianos
d'hôtel et des harpes de la rue.

Et elle compare la « pagelle au teint rose » aux baigneuses pâles
qui, rêveusement, le soir, entre deux actes, viennent sur les ponts,
s'isoler de la vie mondaine, des romans de Bourget, de la musique de
Wagner, en regardant les flots ourlés d'écume de la tant claire, de
la si fraîche rivière qui chante si doucement en fuyant sous la lune.

EN MONTAGNE

~~~~~~

Est-il chose plus agréable, après des mois de chaine dans l'air poussiéreux et moisi des bureaux, que de passer huit jours dans la montagne ardéchoise, au pays des fayards et des sapins ? Aller à l'aventure, sans souci du chemin à suivre, coucher n'importe où, manger n'importe quoi, vivre en bohème, se refaire un sang nouveau dans une vie purement physique en compagnie d'un camarade : rien de bon comme ça.

Nous partîmes donc, un matin d'août, sans objets encombrants. Nous n'avions nulle envie de ressembler à ces touristes qui, pour jouir des « beautés de la nature », se chargent d'appareils de toutes dimensions, de carnets de notes et de vêtements de rechange. Ce qu'ils veulent : arriver à telle heure au sommet d'une montagne connue et là, après s'être épongé le front, établir, séance tenante, l'altitude du lieu, la nature des rochers et des terrains, remarquer la température, noter la situation des bourgades et des villes voisines, etc... Les excursions ainsi comprises ne sont que des expériences scientifiques ou des exercices de topographie.

⁂

En route. Partis de Vals à quatre heures du matin, nous gravîmes vers les sept heures, le talus du plateau de Cuze. Vous connaissez la fatigue des premières heures de marche : les jambes qui se raidissent, la sueur qui ruisselle, les repos fréquents sur le gazon, en fumant une bonne cigarette sous les châtaigniers. On parle peu : l'enthousiasme du départ vous rend muet ; on garde les paroles et les exclamations pour les curiosités et les séductions de la vraie montagne. Les prés verts, les grands rochers, les ruisseaux qui descendent de cascade en cascade, passent inaperçus. A mesure que vous montez, les poumons s'élargissent, les jambes se font légères, le sourire monte aux lèvres et vous partez joyeux à travers le plateau qui commence au milieu des airelles dont vous vous barbouillez la bouche et des framboises que vous cueillez après force égratignures dans les buissons. Nous marchâmes ainsi jusqu'au soir, sans sortir des hauts genêts, des hautes herbes, des bruyères aux fleurs roses, des pins bas, admirant la profondeur des vallées environnantes, la grandeur sauvage des abîmes, savourant la fraîcheur du vent sous le soleil, écoutant le chant de milliers de bêtes invisibles...

Ce qui fait le charme d'une course en plein bois de Cuze, c'est l'uniformité de la route plane et pourtant semée de tableaux divers. Ici, c'est un pâtre couché à l'ombre d'un rocher de granit, parmi son troupeau. Il est monté de sa vallée, dès le matin, et ne regagnera son hameau qu'à la nuit close. Là, c'est une ferme au bas d'un pré légèrement incliné vers un ruisseau dont l'eau est glacée.

A notre arrivée, deux paysans qui causent près d'une clôture en bois, se retournent vers nous et détaillent notre costume. La prairie monte jusqu'au sommet d'une large bosse de terrain. Un garçon et une petite fille gardant des vaches, nous regardent, immobiles : enfants et bêtes se découpent nettement sur le ciel bleu.

Le long du sentier qui côtoie le ruisseau, une vieille femme, un seau d'eau sur la tête, marche lentement. Derrière elle, à vingt pas, viennent deux hommes, disparaissant presque sous le ballot de foin qu'ils vont remiser dans le vaste fenil.

Et toutes ces choses, au coucher du soleil, à douze cents mètres d'altitude, dans le silence particulier des hautes solitudes ; ces scènes d'une vie champêtre spéciale ont un charme étrange.

Après les vastes étendues gazonnées où la faux a laissé des traces comme le ciseau d'un coiffeur maladroit sur la tête d'un patient, voici la forêt, la grande forêt de hêtres, le bois de Cuze avec ses massifs impénétrables où nous nous engageons pour le plaisir de nous égarer et de nous faire fouetter le visage par les branches flexibles, le mystérieux et autrefois redouté bois de Cuze, avec ses clairières peuplées de grands bœufs à l'œil bon.

Une ferme couverte en lauzes s'aperçois là-bas, du côté du soleil mourant, sur la lisière d'un champ de pommes de terre en fleurs. De loin, le chien de berger à longs poils noirs et frisés, se met à hurler, sentant des étrangers dans son pays désert. Une fillette sort de la maison et nous regarde. La charmante apparition enfantine ! Le soleil qui allait disparaître derrière les contreforts du plateau allongeait sur l'herbe rase son ombre immense, et se jouant dans ses cheveux blonds éparpillés traçait autour de cette tête d'enfant sauvage comme une auréole de frisons dorés...

Chaque quart d'heure de marche nous ménage quelque surprise. De petits ruisseaux dormeurs, sans cailloux, des ruisseaux profonds, noirs, glissent sous les mottes et les hêtres ainsi que des couleuvres.

Ils doivent être beaux lorsque la lune, à travers le feuillage, se joue à leur surface par les nuits claires. Ce doit être une jouissance ces nuits estivales, sans quoi toute la poésie des paysages vous laisse absolument froid.

Après avoir franchi d'un bond les ruisselets paresseux, vous débouchez dans une clairière au milieu de laquelle se tient une bergère aux allures de vieille et encapuchonnée dans sa mante.

※

Écoutez : un chant de paysan s'élève au bout de la plaine sans arbre, un chant monotone, plaintif, plein de nostalgiques souvenirs. C'est un robuste gars qui rentre des champs. Les clochettes des vaches s'agitent doucement, émettent un son clair, sec, sans échos, un son qui accompagne et scande la chanson dolente du laboureur. Derrière la scierie à eau, loin, là-bas, près des grands sapins le cri d'un charretier stimulant ses chevaux déchire l'air, les roues mal graissées roulent avec un bruit de crécelle ; c'est le soir, tout s'achemine vers les fermes : une lueur d'incendie s'aperçoit derrière les montagnes de l'horizon. Le soleil est couché, cette fois-ci et nous nous dirigeons vers le premier village venu avant que la nuit tombe.

Devant nous, des touffes de genièvre, partent des bandes d'alouettes qui avaient déjà choisi leur gîte pour la nuit.

Le jour baisse ; l'obscurité augmente encore en pénétrant dans le large sentier qui traverse le bois de hauts sapins et nous avançons, muets, soupirant vers l'hôtellerie voisine.

Voici Lachamp-Raphaël, petit village couché sur le plateau, derrière un monticule. Les plus hautes maisons, l'église, le clocher avec sa petite cloche et sa croix, tout se découpe à merveille sur le

ciel empourpré du soir. Une bise froide se lamente dans les fayards.
Des gens rentrent du foin sur des traînaux tirés par des bœufs. Huit
heures sonnent ; il est presque nuit, les fenêtres rouges flamboient :
nous entrons dans le village. Nous grelottons par cette soirée d'août.

Le lendemain, vers les cinq heures du matin, nous continuons
notre route. La bise souffle toujours, chassant devant elle, des
brouillards secs qui s'accrochent aux flancs du Mézenc et du Gerbier.
Les paysans charrient du foin ; une dizaine de traîneaux descendent
la rue caillouteuse avec force cahots. Maintenant, nous suivons la
route qui vient de Mézilhac. Plus de bois ; des prés à perte de
vue avec, de part en part, des touffes solitaires de hêtres.

Après avoir dépassé une grande ferme couverte en lauze, point de
jonction des trois arrondissements ardéchois, nous entrons dans de
nouvelles forêts coupées de vastes clairières semblables aux landes
fantastiques où officiaient les sorcières de Macbeth. Du pourtour de
ce désert spongieux et coupé de crevasses, d'innombrables allées
partent, des chemins sous bois où arrive à grand'peine la lumière
tamisée du soleil. Puis tout à coup, au sortir de la feuillée, se dresse
le Gerbier rocailleux, pelé, tout gris, sans un arbre. Au bas : la
source de la Loire et une ferme dont les gens sont occupés aux
travaux de la fenaison. Une fillette et un petit garçon montent jusqu'à
la route. En bon français, le petit garçon s'offre comme guide. Il me
plaît moins que la fillette un peu sauvage avec des yeux noirs, des
cheveux noirs et des dents blanches ; une vraie fille de Bohème.

Quelques minutes après, nous voilà gravissant les flancs abrupts
de la montagne pour la futile gloriole de pouvoir dire : « J'y suis
allé. » Le sentier est des plus accidentés pour une délicate parisienne,
mais pour une miss, ou pour un homme c'est une promenade. Les
pieds font dégringoler des pierres plates qui en glissant les unes sur
les autres improvisent une musique charmante et harmonieuse, que

ne désavouerait pas le meilleur joueur du xylophone. Enfin, nous
voilà au sommet où poussent quelques maigres ajoncs autour de
pierres couvertes d'inscriptions, chaque touriste se croyant obligé de
graver son nom. Nous-mêmes, n'avons pu résister à la tentation. On
dit que c'est niais. Mon Dieu ! possible ! mais du moment que ça ne
gêne personne !

⁂

Et après la descente, toujours des bois, des prés, des vaches jolies
et des bergéres souvent laides, toujours le plateau réservant d'aima-
bles surprises comme la chartreuse de Bonnefoy.

Elle est enfoncée dans un vallon boisé, au bord d'un torrent.
Nous suivons sous les arbres un sentier gazonné, l'ancien chemin des
Chartreux, sans doute, et les grandes ruines apparaissent, tout d'un
bloc, sans transition. Du monastère, il ne reste plus qu'une tourelle
terminée en terrasse et surmontée d'une croix dorée luisant au soleil ;
d'énormes pans de mur, des voûtes humides qui devaient, jadis, servir
de caves ; des vestiges de cellules et enfin une façade en pierre de
taille. Les fenêtres sont très belles, et les corniches, les talons, les
doucines, qui surmontent la grande porte d'entrée à plein cintre sont
parfaitement conservés.

Près des ruines ; la maison bourgeoise très vieille, mais de fort
belle apparence.

On éprouve en visitant la Chartreuse un sentiment de tristesse
infinie, non seulement à cause des ruines blanches, mais surtout à
cause du silence étonnant qui plane dans cette solitude enfermée par
les monts voisins semblables à des murailles.

Après une frugale collation dans la ferme, au bord du ruisseau, et

une flânerie de trois heures dans les prés qui entourent le monastère,
nous regagrons le plateau au bout duquel se dresse le Mézenc
colossal et trapu.

1892.

AUBENAS

Lorsqu'on débouche, en chemin de fer, de la trouée de Vogüé, Aubenas surgit avec ses villas éparpillées sur le flanc abrité de son coteau, avec ses rectilignes et massifs couvents, ses clochers,. ses dômes, ses tourelles. Et les faubourgs se découpent horizontalement sur le fond lointain et violet du Tanargue et des monts de Mézillac.

Le soir où, pour la première fois, nous aperçumes la capitale vivaraise, c'était en novembre, au coucher du soleil. Des nuages bronzés et rayés de rouges, sortait une longue trainée d'or qui tombait sur ies antiques toits ardoisés. Et ces gigantesques miroirs aux multiples facettes renvoyaient dans tous les sens la splendeur du couchant.

Quand on vient à Aubenas par la route de Privas, une nuit de lune, cette suite sombre de tours, de machicoulis, de remparts écroulés, de ruines imposantes encore, vous fait songer aux burgs rhénans. Des légendes et des ballades allemandes vous reviennent. L'âme des d'Ornano, des Montlaur et des rudes seigneurs moyen-âgeux semble planer sur ces crêtes démantelées, rôder autour de ces fenêtres solidement grillées, de ces murs couverts de lierre...

Et de tous les monts lointains, des Cévennes et du Tanargue aux cimes chauves, les pâtres songent à la « ville » qu'ils croient immense, à cette ville de rêve dont les toits brillent étrangement dans la buée des matins ; ils songent à cette terre promise qu'ils atteindront un jour : quelque samedi.

Ils emporteront l'impression de rues et de places grouillantes, bruyantes, encombrées de fruits, de paniers, d'animaux et longtemps aux veillées d'hiver ils parleront de la « ville »...

COINS D'AUBENAS

LE FAUBOURG

Onze heures. Employés, petits fonctionnaires descendant vers les restaurants. Voyageurs, la serviette sous le bras, montant le faubourg dans l'attente d'un dîner plantureux récompensant toute une matinée de discours aux clients. Gros messieurs, engoncés dans des fourrures poussant la porte des cafés où, près du poêle, ils prendront leur absinthe en causant de la dernière élection sénatoriale. Femmes frileuses sous des fichus, enfants violacés sous de minces tricots de coton, femmes d'ouvriers portant le dîner du mari dans le panier recouvert d'une serviette et dans la petite marmite de fer-blanc, voitures d'hôtels revenant de la gare, voiture de maître derrière la capote de laquelle un larbin assis gauchement parait s'amuser tout juste, chiens flairant les immondices du ruisseau, vieille mendiante antiquement attifée cheminant péniblement, tout cela sillonne le faubourg, le croise, le monte, le descend ; tout cela s'agite, et fait la vie de cette rue de province où les soirs d'été, circulent nonchalamment les couples de hauts fonctionnaires et de gros rentiers, n'ayant pour se distraire que la béate contemplation des vitrines féériquement éclairées. Un instant, les balcons, les enseignes dorées, les réverbères hors d'usage disparaissent derrière le gros nuage de poussière soulevé par un coup de froide bise de l'hiver enfin venu.

27 Février 1896.

UNE RUELLE

Dieu ! qu'elle me plaît cette pauvre ruelle que beaucoup déclarent infecte. Pas large, trois mètres au -plus, pavée et vers le milieu, parmi des immondices, des cendres de fourneaux et des débris de ménage, coule une eau blanchâtre, jaunâtre qu'un peu de glace dentelée enserre. Trois arceaux enjambent la ruelle et sur ces arceaux, sur ces terrasses improvisées les ménages d'ou-

vriers ont jeté dans la tristesse noire du passage le rayon de joie des
géraniums et des volubilis. De chaque côté, des portes à profusion
et toutes vieilles avec des judas grillés, des portes lourdes serties
dans des contreforts très massifs et très imposants. Derrière une de
ces portes paysannes un porc que l'on pressent douillettement couché
dans la paille pousse de petits grognements dénonçant une digestion
facile.

Aux fenêtres des hautes maisons de jolis minois se penchent et
d'un air de surprise regardent les passants qui s'aventurent dans cette
rue pentueuse.

Et à l'extremité de la ruelle qui maintenant s'élargit afin de ne pas
déshonorer les superbes constructions modernes un rouge sabot
phénoménal au-dessus d'une porte lève chinoisement sa pointe. Et
puis, comme fond du tableau, la nouvelle façade de l'église St-Laurent
apparaît avec ses croisées romanes aux voussoirs noirs et blancs.

Et c'est toujours avec un plaisir neuf que je passe de préférence
dans cette ruelle déclarée infecte.

PLACE DU CHATEAU

Une heure, à l'horloge des halles nouvelles, moderne construction
de fer et de briques, dévorant la moitié de la place et jurant avec
l'air moyen-âge du château des d'Ornano et d'une vieille maison à
gargouilles.

Autour une nuée de gamins jouent, piaillent, s'invectivent. Des
commerçants, de petits rentiers s'acheminent vers les cafés du faubourg

Gambetta, ce pendant que les demoiselles, serrant avec amour la prose de Cherbuliez ou d'Ohnet se dirigent vers la Bibliothèque telles des dévotes allant vers l'église, leur missel aux doigts.

Une coulée de soleil tombe sur la rue pavée encombrée, le samedi, de légumes, de volailles et de chapelets d'alouettes.

Du faîte des vieilles demeures à croisillons, s'abattent des pigeons dans le calme de la rue pendant que des boutiquiers, les mains dans les poches, la pipe aux dents, sont là sur le trottoir près des tentes estivales déjà mises en cet hiver de Nice.

Et par dessus les toits aux vieilles tuiles, se profilant sur les ramifications du Tanargue, le vieux clocher badigeonné tout récemment, le vieux clocher ajouré, dentelé d'ornements supposés bizarres, dresse dans le bleu du ciel son coq gaulois aux reflets d'or.

9 Février 1896.

LE CHATEAU

AUBENAS (Route du Puy)

L'ancien bourg d'Aubenas, dit Francus, perchait dans le quartier de Sainte-Claire. Il s'étendait jusqu'à la Dalmette où s'élevait une église Notre Dame des Plans. Le faubourg, le château moderne n'ont pris quelque développement que depuis le XIIIe siècle.

Il faudrait se garder de croire que le château actuel était du temps des Montlaur ce qu'il est aujourd'hui. Les anciennes constructions ont disparu sous les nouvelles. Il faut entrer dans la cour du château pour retrouver la façade et l'escalier primitif. Le grand escalier actuel ainsi que la tour du levant ont été construits seulement au XVIIIe siècle par les marquis de Vogüé qui avaient acquis du prince d'Harcourt la baronnie d'Aubenas. (Dr Francus).

On a installé au château la Mairie, la Condition des soies, la Caisse d'Epargne, le Commissariat, la Bibliothèque, le bureau des Dames Françaises, la Justice de paix.

La salle des délibérations du Conseil est une des plus belles de l'Ardèche. Elle est ornée de gravures anciennes, de portraits des Montlaur et de plusieurs tableaux modernes offerts par l'Etat. L'année terrible, la Trahison de Judas, un Intérieur arabe, et un paysage éclatant de soleil, œuvres de Bouchet, peintre albenassien, mort récemment au Caire, un fort beau Crépuscule et une charmeuse marine d'Appian.

Sur un balcon une couleuvrine digne d'un musée d'antiquailles se pavane et la gueule tournée vers l'Escrinet semble encore menacer les maisons voisines.

~~~~~~~~

Notes Historiques — D'après certains historiens, l'agglomération de la région se trouvait à St-Pierre, au bord de l'Ardèche.

Le camp de Jastres défendait cette bourgade. L'appellation de Ville donnée au coteau qui porte la tour de ce nom tendrait à le faire croire. Au Ve, VIe et VIIe siècle, l'Aubenas actuel se construit sur la colline et alors s'érigent des couvents et le château-vieux dont un

Montlaur rendit hommage à Louis VIII. A cette époque il y avait une église Notre-Dame-des-Plans au quartier de la Dalmette.

C'est à Aubenas que se déroule le prologue de la Croisade des Albigeois.

Cette ville souffrit énormément pendant la guerre de Cent ans puisque ses murailles étaient démolies et qu'il fallut s'imposer pour les relever.

Au XV⁰ siècle, Aubenas avait cinq portes ouvertes et fermées par trois régents dont un noble et deux bourgeois.

En 1562, les Albenassiens forts du voisinage du baron des Adrets se soulèvent, chassent leur seigneur, les moines, les religieuses et les prêtres et s'emparent de leurs biens. *(Henri Deydier)*.

En 1570, Henri de Navarre (plus tard Henri IV) et Condé y séjournèrent pendant quelques temps, se rendant en Velay pour y rejoindre Coligny. *(Francus)*.

Après la Saint-Barthélemy, les Albenassiens unis aux Privadois allèrent s'emparer de Desaignes.

De 1580 à 1583 la guerre civile désole le pays et le Vivarais était obligé de payer 6000 écus par mois pour l'entretien de garnisons dans les villes et les châteaux.

En 1593, les catholiques, maîtres du château, sont assiégés par les protestants qui sont eux-mêmes assaillis par une forte armée de Ligueurs. Le château résista pendant vingt-huit jours.

Valeton qui a écrit la relation des évènements de cette époque troublée dit qu'il ne put voir sans pleurer l'horrible spectacle que lui offrit Aubenas, tellement victime des fureurs des assiégeants que toute brûlée et détruite, elle est devenue une des plus misérables de France sans qu'il y ait apparence qu'elle puisse de longtemps se relever de sa chute.

En 1627, Brison, de connivence avec de nombreux protestants d'Aubenas résolut de s'emparer de cette forte place. Il s'était approché jusqu'à Vals avec 100 hommes.

Pendant qu'il décidait l'affaire avec les chefs protestants de Vals, une servante surprise dans la chambre, se cacha derrière la ruelle du lit d'où elle entendit tout. Elle alla en toute hâte prévenir le sieur de Larmande, official d'Aubenas, qui en donna aussitôt avis au château et pourvut avec les catholiques à la sûreté de la ville, ce qui fit rebrousser Brison d'une mousquetade près et perdre la plus belle action qu'il eût jamais faite.

UNE JACQUERIE AU XVIIe SIÈCLE

LA RÉVOLTE DE ROURE

I

En 1670, la misère causée par les guerres de Louis XIV fut encore accrue par un hiver terrible qui fit périr tous les oliviers du Languedoc depuis Montpellier jusqu'à Aubenas. En France, on se plaignait partout de la multiplicité des impôts et des taxes extraordinaires, mais dans le Vivarais, le petit peuple était particulièrement opprimé par la rapacité des seigneurs et les concussions des gens d'affaires.

Les paysans vivarais commencèrent par gémir et se plaindre et finirent par proférer des menaces publiques contre les *élus*, et les percepteurs d'impôts. Bientôt le bruit courut qu'un nouvel édit allait ordonner la levée d'une taxe de dix livres pour la naissance de chaque enfant mâle, de cinq livres pour celle des filles, d'un écu pour chaque habit neuf, de cinq sous pour chaque chapeau, trois pour les souliers cinq pour chaque chemise et un pour chaque journée des travailleurs de terre. Ce faux édit exaspéra le peuple qui avait voué aux élus une effroyable haine.

II

Le 30 avril 1670, un commis des fermes, Barthelemi Casse, de Béziers, vint à Aubenas et fit savoir que quiconque voudrait entrer dans la ferme du droit de 8 livres pour chaque hôtelier ou cabaretier pouvait s'adresser au receveur des tailles du diocèse, à Viviers, qui en passerait contrat au plus offrant.

Alors plusieurs femmes du quartier St-Antoine. aidées de quelques

manœuvres attaquent le logis de Casse qui réussit à s'enfuir par une
fenêtre. La bande d'émeutiers le poursuit à coups de pierres. Casse,
brisé de coups, tombe en demandant un confesseur. Les officiers du
prince d'Harcourt, seigneur d'Aubenas, mettent en sûreté le commis
des fermes et en prison Bancatte le chef des mutins.

III

Le lendemain, la même bande enfonce les portes de la prison et
délivre Bancatte. Le 2 mai, les consuls réunis font ressortir à la foule
la folie de cette insurrection, mais ces conseils pacifiques sont reçus
par des huées sorties de mille bouches exaspérées. Les bourgeois
d'Aubenas écrivent alors aux députés du Vivarais réunis à Joyeuse,
protestent de leur fidélité au roi et demandent l'appui du marquis de
Castries, lieutenant du Languedoc.

Après l'assemblée des Etats, les paysans font la chasse aux *élus* et
même à de simples particuliers. Quatre mille hommes entrent en
armes à Joyeuse et une autre armée s'empare de Largentière.

Le mouvement se généralise dans la province et dans tous les
villages du Vivarais, on saccage les maisons des notaires, des *élus* et
des riches.

IV

C'est alors qu'un paysan de Lachapelle. Jacque Roure, assembla
trois cents paysans et marcha sur Aubenas où demeuraient, croyait-il,
les principaux oppresseurs du peuple. Les Bourgeois firent fermer
les cinq portes de la ville, mais les gens du quartier St-Antoine
dirent qu'il fallait recevoir Roure et sa troupe. Leur avis l'emporta
et les séditieux pillèrent quatre ou cinq maisons. Une trentaine de
bourgeois armés dispersèrent les pillards après en avoir tué quatre
et retenu deux dans les prisons du château.

Les paysans des localités voisines s'assemblent au son du toscin,
menacent de brûler tout si les captifs ne sont pas mis en liberté. Le
prince d'Harcourt s'empressa de leur donner satisfaction. Pendant ce
temps le marquis de Castries lançait du Bourg-St-Andéol où il était
arrivé par marches forcées, une *ordonnance* défendant sous peine de
mort les attroupements et la mise en circulation de faux bruits irritant
le peuple.

Les Consuls décident de remercier de Castries pour sa promesse de punir sévèrement les mutins, mais un certain Christophe Fumat, tondeur de draps, proteste, invective l'assemblée et interrompt la séance. Un comité secret de six membres se forme et demande une garnison de deux cents hommes à de Castries.

Les consuls de Largentière obtinrent aussi soixante hommes pour garder leur château.

Une deuxième ordonnance rappela aux révoltés les peines qu'ils encouraient et le grand Prévôt de Nîmes se rendit à Villeneuve-de-Berg pour faire le procès des contrevenants.

Le tocsin rassemble autour d'Aubenas, dans la plaine, six mille paysans armés accourus de vingt paroisses. Roure est proclamé généralissime et regardé comme le protecteur du peuple et le défenseur de ses droits.

V

Voilà cette armée en marche vers Villeneuve dont ils veulent tuer les élus et surtout le Grand Prévôt qui, ne s'attendant pas à faire des procédures contre tant de coupables. s'enfuit précipitamment, la nuit, et se retire au Bourg-St-Andéol.

Les habitants de Villeneuve se retirent dans leur enceinte fortifiée. résolus à bien se défendre. Roure leur ayant fait demander des vivres ils répondirent qu'ils n'avaient que des balles à lui offrir. Les troupes de Roure allaient attaquer la ville, mais le comte de Vogüé qui avait quelque empire sur lui, le pria de suspendre les hostilités jusqu'à ce que l'on connût les nouvelles idées du marquis de Castries. Ce dernier lança une troisième ordonnance dans laquelle il promettait l'abolition du passé et la révocation de l'édit imaginaire. Elle fut publiée parmi les troupes de Roure qui l'accueillirent joyeusement aux cris de « Vive le Roy ! Fi des élus ! » On déposa les armes ; chacun se retira chez soi, non sans avoir cependant fait le serment de reprendre les armes au cas échéant.

Le Languedoc, la Provence, la Guyenne, le Dauphiné regardaient avec plaisir ce mouvement qu'ils se proposaient d'imiter. La Révolution fût-elle peut-être sortie de là, un siècle plus tôt.

VI

Le commerce reprit, les paysans se remirent au travail, Aubenas rouvrit ses portes. La paix régnait dans toute la région, lorsque le prince d'Harcout fit savoir que le Roi pardonnait tout, excepté les meurtres, les sacrilèges et l'affichage des placards de révolte.

A cette nouvelle, les partisans de Roure résolurent de ne plus rien ménager. Ils disaient que leur tour était venu de gouverner un peu et qu'ils ne voulaient plus marcher en aveugles. Ils assuraient hardiment que les *pots de terre devaient casser les pots de fer*. Ils considéraient de Castries comme un fourbe et les ecclésiastiques comme des ennemis. Deux prieurs de la montagne furent pillés pour avoir dit que la soumission aux ordres du roi était de droit divin. Cinquante paroisses envoyèrent des députés à l'Assemblée de Mercuer.

Les nommés Constant et Dupui résolurent d'aller trouver le Roi et de lui exposer les griefs du peuple. On ne parla rien moins que de lever vingt mille hommes et d'aller à Toulouse demander raison au Parlement des mauvais édits.

VII

Pour mettre le comble à cette surexcitation, les deux cents hommes du marquis de Castries arrivèrent à Aubenas, demandés secrètement par Maurin agent, de d'Harcourt, et le bailli Renouard, personnages qui avaient beaucoup de concussions sur la conscience.

Les mutins se révoltent : les bourgeois affolés se réfugient au château ou au collège des Jésuites, Roure entre dans la ville avec ses troupes et propose à Jayot, commandant les assiégés de laisser sortir la garnison avec armes et bagages. Jayot répond qu'il a défendu avec 400 soldats des places attaquées par 20,000 et qu'il n'abandonnera pas celle où il était à une poignée de paysans.

L'armée assiégeante était forte de 8,000 hommes et pendant quelques jours on tira de part et d'autre ; on massacra aussi tous les pauvres diables qui avaient omis de choisir entre les deux partis. L'armée des paysans grossissait de jour en jour, le ravitaillement

devenait difficile : Roure à la tête de 2,000 hommes se mit en campagne
du côté de Villeneuve.

De Brancas, beau-frère du prince d'Harcourt et Chambonas, agent
de Roure eurent une longue conférence dans laquelle Chambonas
fit une énumération détaillée des exactions subies par les paysans et
des raisons qui les avaient poussés à prendre les armes. De Brancas
lui fit sentir qu'il ne fallait en aucun cas contrevenir aux ordres du
roi, que tous ces saccagements de maisons, ces incendies, ces meurtres,
ces sacrilèges ne pouvaient être tolérés. Il ajouta que si l'on voulait
se soumettre à Sa Majesté, déposer les armes et implorer la miséricorde
royale, il promettait une *amnistie générale*.

Roure entra dans ces vues et de Brancas écrivit la minute de la
lettre que Roure, Chambonas et les principaux signèrent de noms
supposés.

Sire,

*Vos pauvres sujets ayant été forcés de se séparer de l'obéissance qu'ils
doivent à Votre Majesté, viennent implorer à genoux votre miséricorde,
afin qu'oubliant leurs fautes, Elle leur donne lieu de les réparer en
employant leurs biens et leur vie pour le service de Votre Majesté. Nous
espérons, Sire, que sa bonté, considérant nos soumissions, nos réparations
et nos douleurs et qu'à l'exemple de Dieu dont Elle tient la place ici-bas,
elle ne rejettera pas la prière de son pauvre peuple qui veut vivre et
mourir dans l'obéissance et la fidélité qu'il doit à Votre Majesté.*

Signé : SAINT-AIGNAN, La FERTÉ, etc.

On devait savoir au bout de quinze jours la réponse de Louis XIV
et pendant ce temps les révoltés devaient se soumettre et les châtelains
d'Aubenas devaient prier le marquis de Castries de n'envoyer aucun
renfort.

La trêve fut religieusement observée. On cessa de tirer de part et
d'autre. De plus, sur le désir de Brancas, Roure consentit à livrer à
la justice royale les plus dangereux incendiaires et sacrilèges. Il se
passa ainsi plusieurs jours sans que les clauses du traité fussent
effectuées. Le prince d'Harcourt proposa à Roure de réduire sa
garnison à trois cents hommes. Mais celui-ci s'emporta et en conserva

neuf cents. Les autres furent disséminés autour de la ville. Le 11 juillet le gouverneur de Carcassonne vint à Aubenas, conseilla au généralissime des paysans de mettre bas les armes lui promettant que les concussionnaires seraient punis.

Et puis, ajouta-t-il, « ce serait faire affront à Sa Majesté que d'exiger que ses troupes désarmassent les premières. » Louanges, caresses, menaces, promesses, tout fut employé. Roure parut ébranlé, mais ses lieutenants lui démontrèrent que s'il désarmait le premier c'en était fait de lui et de ses partisans, qu'il avait été déjà trompé par de Castries et qu'il s'exposait à l'être encore. Il écouta ces conseils.

VIII

Les quinze jours de trève étant expirés, on proposa une nouvelle entrevue. Roure se rendit à Aps avec trois cents fusiliers comme escorte. De Brancas lui dit que le courrier apportant l'amnistie était parti de la Cour, le 12 et qu'il ne pouvait guère arriver avant le 19. En même temps il le pressa vivement de désarmer. Les principaux chefs du mouvement répondirent : « Il faut que la garnison d'Aubenas décampe la première, qu'on nous livre quatre défenseurs du château et qu'on nous donne surtout l'amnistie promise en bonne et due forme. »

Le 19 juillet, de Bernis fit savoir à Roure qu'il avait quelque chose d'important à lui communiquer, à La Villedieu, localité voisine de Villeneuve-de-Berg. Ses amis, ses parents, les ecclésiastiques d'Aubenas, par leurs prières et leurs larmes le déterminèrent. On voulait, par toutes ses entrevues, donner aux troupes royales le temps d'arriver.

IX

Personne n'apportait la nouvelle de l'amnistie. Roure comprenant qu'on l'avait leurré jusque là et qu'une paix sanglante est l'unique traité possible entre l'esclave et le maître irrité, résolut de se défendre désespérément. Dans un manifeste commençant par ces mots : « Nous, Jacques Roure, à tous nos amis et à tous les peuples du Vivarais, Salut, » il exposait les raisons des révoltés et les perfidies de la Cour. Il envoya ce manifeste dans toutes les paroisses avec menace de les réduire en cendres si elles ne lui envoyaient autant d'hommes qu'elles pourraient pour la cause commune.

X

Après avoir laissé huit cents soldats à Aubenas, il partit avec mille trois cents à la rencontre de l'armée royale comptant trois mille hommes de pied, mil six cents chevaux et toute la noblesse des environs, Dartaignan, Faucault, Choiseul en étaient les chefs. Les deux armées se rencontrèrent à Lavilledieu. Au premier choc de la cavalerie, les paysans n'ayant jamais vu pareilles troupes, se dispersèrent. Seul, le bataillon commandé par Roure tira quelques coups d'arquebuse. On fit une véritable boucherie de ces misérables que l'on trouvait à chaque pas, cachés derrière les broussailles et les rochers.

Roure gagna Lachapelle, son village natal et l'armée victorieuse entra dans Aubenas que les paysans abandonnèrent précipitamment en apprenant le désastre de Lavilledieu.

XI

Le lendemain de la prise d'Aubenas, sept des principaux révoltés furent condamnés à être pendus. Le 28 juillet la Cour de Justice de Nimes commença le procès des coupables. Les prisons d'Aubenas et de Villeneuve se remplirent de paysans et de gens du peuple. Deux furent roués, six autres pendus sous les halles, deux autres condamnés aux galères, un grand nombre furent bannis et deux femmes de Saint-Antoine furent condamnées au fouet.

La maison de Roure, à Lachapelle fut brûlée. Les fourrageurs de l'armée s'étant répandus dans le voisinage, pillèrent tout et passèrent au fil de l'épée ce qu'ils trouvèrent de gens. Dans les environs plusieurs paysans furent condamnés à être rompus ou pendus et plus de cinquante furent envoyés aux galères.

La Terreur régnait dans le pays et après le départ de la Maison du Roi, il fallut une ordonnance de l'intendant (20 août 1670) enjoignant sous peine de mort aux habitants de regagner leurs demeures.

XII

Le 21 août, par jugement souverain et en dernier ressort, « Jacques Roure, laboureur, chef des séditieux du pays de Vivarais, fut déclaré contumax défaillant et pour la réparation des crimes de lèze-majesté, rébellion, attroupements avec port d'armes, sacrilèges, incendies, cruautés énormes, expédition d'ordres et de passe-ports, convocation d'assemblées contre le service du Roi, fut condamné à être livré es mains de l'exécuteur de la haute justice, lequel, après lui avoir fait faire les tours accoutumés, le conduira, la corde au cou, tête et pieds nus, tenant une torche en main du poids de trois livres, au-devant de la porte de l'église de Villeneuve-de-Berg et là, à genoux, il demandera pardon à Dieu, au Roi et à la justice, de ses méfaits, et cela fait, le conduira sur la place publique, où, sur un échafaud dressé à cet effet, il mettra son corps en quatre quartiers et en séparera la tête la dernière, qui sera exposée sur une perche à la porte Saint-Antoine d'Aubenas et ses membres sur le grand chemin de Largentière, Joyeuse, Lachapelle, Lavilledieu, et défenses sont faites à toutes sortes de gens de les enlever sous peine de la vie.

La maison de Roure sera démolie et les fondements en seront arrachés par l'exécuteur avec défense à quiconque de les rebâtir. Ses bois seront dégradés, sa postérité sera rendue *infâme*, ses enfants et sa femme seront bannis du royaume et ses biens seront acquis au Roi. Ne pouvant être appréhendé, Roure sera exécuté figurativement. »

Les communes révolvées ne purent plus avoir de consuls ; Aubenas ne put rentrer aux Etats généraux de Languedoc et aux Etats particuliers du Vivarais.

Les clochers d'Aubenas, Lavilledieu, Vogüé, Lachapelle, Ailhon, furent écimés et leurs cloches descendues. Aubenas, foyer de la rébellion, fut condamné à 500 écus d'amende envers le Roi, Lachapelle à 800 ainsi qu'aux frais de justice. Ceux qui, tenant la campagne, finirent par tomber entre les mains des soldats, furent condamnés à la potence ou à la roue.

XIII

Cependant Jacques Roure, qui avait échappé à tant de recherches, las de mener la dure vie du proscrit, résolut de présenter lui-même un placet à Louis XIV. Il alla auparavant demander conseil à son procureur de Toulouse, un certain Bouët. Ce dernier l'assura qu'il était un homme perdu s'il donnait suite à cet audacieux projet et lui conseilla de gagner l'Espagne. Roure allait échapper à la justice royale quand Bouët, pris de remords de ne pas livrer un tel criminel d'État, le fit arrêter à Saint-Jean-Pied-de-Port.

Roure fut conduit à Montpellier où son procès fut instruit de nouveau. Il fut appliqué à la question et condamné à être rompu vif. L'exécution eut lieu à Montpellier le 29 octobre 1670. Son corps fut exposé sur le grand chemin de Nîmes et sa tête fut portée à Aubenas quatre jours après et perchée sur le portail Saint-Antoine. Toutes les autres prescriptions du jugement furent exécutées.

XIV

Ainsi finit cette *Jacquerie* qui porta plus de *quarante* têtes sur le gibet ou l'échafaud, augmenta les galères de plus de *cent* forçats, fit périr plus de *six cents* personnes et en ruina plusieurs qui n'avaient pris aucune part à la rébellion.

Les ecclésiastiques d'Aubenas et le prince d'Harcourt reçurent une indemnité pour les pertes que l'armée de Roure leur avait fait subir dans leurs biens. Le prince faisait surtout ressortir que la résistance de son château avait empêché Jacques Roure de porter dans toute la province du Languedoc l'étincelle révolutionnaire.

FIGURES ARDÉCHOISES

~~~~~~~~

I

BÉRANGER DE LA TOUR

(1515-1559)

Naquit à Aubenas. Étudia le droit à Toulouse, publia à Lyon le Siècle d'Or, recueil de cantiques, d'épîtres, de sonnets, d'épigrammes. L'Amie des Amies, la Choréïde, l'Amie Rustique. Les ouvrages de ce poète sont devenus aujourd'hui si rares qu'en 1867 le Siècle d'Or *atteignit dans une vente le prix de 300 francs.*

EPIGRAMME DE BÉRENGER

Le poil doré, cler et luisant
Qui fait un front beau et puissant
A Loyse est sien, comme on dit :
Ce qui est vray ; car j'estoy présent
Quand le marchand les lui vendit.

II

FRANÇOIS VALETON

Naquit à Aubenas en 1599 et mourut en cette ville en 1650. Voici un poète dont la découverte revient à M. Henry Vaschalde. A douze ans il annonçait à son père en une pièce très correcte que ses vers lui donneraient l'immortalité. Il a de beaux sonnets, des stances, des odes.

J'extrais du sonnet de Marguerite ces deux tercets :

« Pour moi, je veux louer la seule Marguerite
Admirable en beauté » vraye perle d'élite.
Je veux chanter son los par ce sonnet icy :

C'est des perles, l'honneur, c'est des fleurs la plus belle
La rose ni l'œillet ne sont rien auprès d'elle
Moins encor le lys blanc, moins le doré souci.

III

PIERRE ESPIC

Né à Aubenas en 1737, eut l'extraordinaire et surprenante chance d'être porté en triomphe par les Albenassiens à cause de ses succès aux jeux floraux de Toulouse.

IV

AUGUSTE DESPORTES

Né à Aubenas en 1797 se lança de bonne heure dans la littérature publia une excellente traduction versifiée de Perse. Sa comédie, Molière à Chambord représentée pour la première fois à l'Odéon le 15 janvier 1843, eut 80 représentations consécutives et plaça Auguste Desportes au rang d'Emile Augier. Il mourut en 1874 à Paris, bibliothécaire de l'Arsenal. laissant inachevée une traduction de Virgile.

« MOLIÈRE A CHAMBORD »

Tel est le titre d'une comédie en quatre actes et en vers jouée pour la première fois à l'Odéon, le 15 janvier 1843. L'auteur Auguste Desportes étant né à Aubenas, nous appartient. Et voici, pas assez résumée à mon sens, l'intrigue de la pièce. Mais si j'abuse, lecteur, de la patience. pardonne, car j'ai voulu citer le plus de vers possible.

***

Molière vit pour son roi, pour sa femme Armande Béjart, et se trouve triste quand il croit avoir déplu à l'un ou à l'autre. Son ami Chapelle veut le distraire :

Viens, Molière je veux te faire rire et boire,
Des soucis en buvant tu perdras la mémoire,
Si le chagrin revient assiéger ton cerveau,
Hé bien ! pour le chasser, tu boiras de nouveau.
Ainsi toujours buvant, de bouteille en bouteille,
Joignant la veille au jour et le jour à sa veille,
Sous un aspect riant s'offre le genre humain.

Molière fait à Chapelle, la confidence de ses malheurs conjugaux, de sa jalousie, de son amour :

J'aime, j'aime toujours et la voyant si belle
Jeune, facile à tous, et pour moi seul rebelle
Je sens la jalousie et son serpent qui mord
Dans mon cœur, comme au cœur d'un coupable, un remords.

Le Roi qui toujours a soutenu Molière, n'a pas dit un seul mot du « Bourgeois gentilhomme ». Nouveau chagrin, car il a mis sa gloire à plaire au Roi-Soleil, oubliant

Cet autre roi qui vient au théâtre en payant,
Ces loges, ce parterre où le peuple s'assemble.
D'où sort un seul arrêt de cent bouches ensemble.

Un comédien de sa troupe, Baron, vient lui apprendre que l'on joue le « Bourgeois gentilhomme » à Chambord. Ordre du Roi. L'auteur du « Misanthrope » a peur des cabales de la Cour :

Car le prince nous fait de tous ses courtisans
Ou d'ardents ennemis ou de chauds partisans,
Suivant qu'il blâme ou loue. Et c'est par lui qu'on pense
Et j'en sais qui dans l'an ne font pas la dépense
D'une idée et jamais ne se servent du mot
C'est toujours : le Roi dit... le Roi pense... le Roi...

5

*Armande vient aussi annoncer la bonne nouvelle à son mari qui lui dit :
Vous avez posé pour le portrait de Lucile, et Cléonte, c'est moi.*

Votre image bannie, à moi, revient toujours
Et revient pardonnée...

*Oui vous êtes Lucile et j'en rougis de honte. Armande lui jure qu'elle
l'aime et Molière oubliant tout s'écrie : « Ah ! je suis trop heureux ! »
Dans son ravissement, il ne songe plus au théâtre, au Roi, à rien. Il ne
vit que pour sa femme. Mais hélas ! demain, dit-il, on se taquinera, on
s'aigrira, on se brouillera, puis on se quittera.*

⁂

*Pendant la représentation, Armande et son amant, le comte de Lauzun,
parlent bas, se fixent un rendez-vous. Molière, tourmenté, s'écrie :*

Un rendez-vous ! bé bien en tous lieux, à toute heure,
Je la surveillerai.

*Lauzun qui va épouser Mademoiselle d'Orléans, attend la femme de
Molière. Celle-ci, costumée pour la scène lui avoue qu'il n'est plus temps,
qu'avec son mari, la paix est faite, et Lauzun, après avoir raillé la
tranquillité du ménage, finit par lui dire qu'il ne craint ni M. de Guiche
le nouvel amant présumé, ni Molière. Mais on entend du bruit. Armande
apeurée supplie Lauzun de la sauver. Elle lui remet un paquet de lettres
et le pousse précipitamment dans un oratoire.*

*Armande se démène en répétant son rôle et son mari entre. Soupçons.
Armande affirme qu'elle était seule.*

Quel naturel ! quel art ! Vous êtes, sur mon âme,
Une comédienne admirable, ma femme !

Et dissipant ses alarmes, il se reprend à espérer, à croire à l'amour.

Mais la gloire avec toi, c'est le ciel ! Oh ! s'unir
D'un nœud sans fin qui lie au présent, l'avenir.
Dans un destin commun vivre ensemble la vie!
Vivre ensemble le temps dont la mort est suivie,
Ne se quitter jamais et d'un pas triomphant
Tous deux marcher toujours... Et notre enfant,
Notre fille ! Vois-tu, vois-tu quel sort prospère !
Pour fortune elle aurait la gloire de son père ;
Elle aurait, pour charmer ta grâce, tes appas !

Lauzun entr'ouvre la porte et la referme aussitôt. Molière s'aperçoit qu'Armande est préoccupée.

Mais vous êtes distraite... et ne m'écoutez pas.
. . . .
Hé bien! dès ce moment, je renferme, je mure
La douleur dans mon sein. Sans plainte, sans murmure.
Je vivrai. Quand à vous soyez libre, courez
A ces plaisirs menteurs dont vous vous enivrez.

Il soupçonne Lauzun et se dirige vers l'oratoire sur la porte duquel, un jour, François 1er écrivit les deux vers si connus :

Souvent femme varie
Bien fol est qui s'y fie.

Armande s'enfuit effrayée. Entre Genevray, le messager d'amour du comte de Lauzun. Reconnaissant Molière, il s'écrie : Pardon !

— Ce n'est pas moi que tu cherchais ici
Vieux messager d'enfer et que le diable emporte
C'est ton maître. Il est là ! Tiens, frappe à cette porte
Il te répondra.

Molière se cache à son tour dans un cabinet voisin. Lauzun sort et remet à Genevray le paquet de lettres compromettantes et pouvant faire manquer son mariage princier. Molière intercepte le paquet au passage et Lauzun va au devant de Mademoiselle. Charmante scène où l'Altesse fait sa déclaration. Lauzun stupéfait s'exclame :

Ah ! sous ce faix d'honneurs, je fléchis, je succombe !
Duc de Montpensier! Prince et souverain de Dombe
Comte d'Eu !...

(IL RÊVE).

— Vous allez trop vite ! Halte là ! Comte !

*C'est Molière. Les deux rivaux vont se battre, mais un Lauzun ne
peut croiser le fer avec un Poquelin, un roturier. La mari d'Armande
peut avec les lettres empêcher le mariage : il les déchire.*

— Je vous hais! Je vous hais! mais ma pitié fait grâce
SUIS-JE NOBLE A PRÉSENT ?
— Oui, c'est d'un noble cœur !

Lauzun lui tend la main. Molière garde la sienne.

— Non, ce serait déroger... L'un et l'autre !

Armande rentre et court se jeter dans les bras de Molière.

*Au quatrième acte, on est dans la chambre à coucher du Roi. Chapelle
vient annoncer que le Roi a beaucoup ri à la représentation.*

Le Roi.

Vous n'avez pas dîné. Soupez avec le Roi
Et demain vous aurez des flatteurs comme moi.
— Quoi ? Sire...
— Je le veux, Molière. Qu'on m'apporte
Mon souper. Deux couverts. Voyez comme à la porte
On se presse. Bientôt vous aurez le plaisir
Vous, le Contemplateur, d'observer, de saisir
Dans leur étonnement ces vanités titrées.
Huissiers, donnez passage aux petites entrées.

Une table servie est dressée pour le Roi et Molière. Marque d'étonnement

sur tous les visages. Le Roi vante le Bourgeois Gentilhomme. *Ducs et
marquis renchérissent et le Roi se tournant vers la cour :*

> Oui ! qu'on le sache bien, Molière est un grand homme
> Despréaux le disait hier. Voici ma main,
> Molière. Devant tous, marchez la tête haute
> Et qu'on respecte en vous, un grand homme et mon hôte.

V

AMAN VIGNAL

*Né à Aubenas en 1822 est l'auteur d'une des rares poésies sur
Aubenas.*

> J'admire le château qui vers le ciel s'élance,
> Son pavé de cailloux blessant mes premiers pas,
> Le pic où comme un nid, l'Airette se balance
> Et l'Ardèche sonore écumant dans le bas.
>
> J'aime la langue d'oc rude en sa désinence,
> Le celtique patois, germain de l'Auvergnat
> Qu'une nourrice fraiche et d'accorte prestance
> Au devès de Boulogne, en filant m'enseigna
>
> J'aime le montagnard dont la persévérance
> Brise en hiver le roc et de ses noirs éclats
> Etage au flanc des monts un escalier immense
> Pour monter jusqu'au haut la plaine avec ses bras.
>
> J'aime enfin l'antithèse et l'étrange alliance
> Qui mêlent sur ton front deux extrèmes climats ;
> Ardèche ! Froide Suisse et thermale Provence
> Où l'olivier se heurte au bouleau des frimas. (1)

---

(1) Extrait du livre de M. Henry Vaschalde : « Les Poètes du Vivarais ».

VI

JEAN-PAUL DELICHÈRE

Né en 1755, mort en 1820, président du Tribunal de Privas a laissé de nombreux manuscrits sur l'histoire du Vivarais et les idiomes helviens.

VII

JOSEPH DALMAS

Député de l'Ardèche à l'Assemblée législative, mort en 1824, est l'auteur de Réflexions sur le procès de Louis XVI.

VIII

LOUIS MALOSSE

Né à Thueyts le 1 avril 1870, Louis Malosse vient de mourir au Caire où il avait été envoyé par le Temps.

Il fit à Genève de brillantes études qu'il alla terminer à Louis le Grand. Admissible à l'École Polytechnique il fut reformé pour faiblesse de constitution. Il suivit les cours de l'École des mines. Mais sa vocation scientifique ne survécut pas longtemps à la déception qui l'avait empêché de la suivre dans les conditions désirées. Il se retourna donc vers les lettres et put croire qu'il n'aurait pas lieu de s'en repentir.

Il y a, dit le Temps de précieuses qualités dans ses deux recueils de poésies : la Chanson des Choses et les Chimériques. Il était tellement imprégné de Hugo que l'influence de grand romantique se retrouve dans les vers de Louis Malosse. Le souffle oratoire, la grandiloquence, l'aspiration vers l'épopée, tels étaient les dons poétiques de notre

compatriote et Faguet dans la Revue Bleue *avait su discerner dans les*
Chimériques *de réelles promesses d'originalité.*

Le Temps *l'avait chargé de suivre le mouvement social contemporain.*

Sa mauvaise santé le contraignit à partir pour l'Egypte en 1894.
Depuis il avait publié dans le Temps *une série de remarquables lettres*
égyptiennes. En même temps il apportait de là-bas un volume que
l'éditeur Armand Colin vient de publier : Impressions d'Egypte, *dont*
la première partie est consacrée à des descriptions pittoresques et la
seconde à l'œuvre de l'Angleterre pendant ses longues années d'occupation.

Louis Malosse *est un des hommes dont l'Ardèche peut se montrer fière.*

LA SOIE

L'industrie séricicole est la plus grande industrie ardéchoise. Les chiffres sont plus
éloquents que les phrases.

	COCONS	SOIE GRÈGE	SOIE OUVRÉE	MOULINAGES	TAVEL.	FILATURES	BASSINES	SALAIRES des FILATURES	SALAIRES des MOULIN.	SÉRICICULT.rs
	kil.	kil.	kil.							
FRANCE	10.000.000	680.000	2.200.000	990	376.540	597	27.253	7.800.000	17.000.000	220.000
ARDÈCHE	2.300.000	160.000	500.000	430	193.061	96	4.288	1.230.000	7.800.000	26.000

On peut voir d'après ce tableau que notre département fournit le quart de la soie brute,
qu'il en file et en ouvre environ le quart, qu'il possède à lui seul autant de moulinages que
les autres départements réunis.

Avant la maladie, la production s'élevait à plus du double. La France filait 1.600.000
kilogrammes de soie dont une très grosse part venait se vendre aux foires et marchés
d'Aubenas.

Cette ville a vu s'élever jusqu'à quarante millions de francs le chiffre de soie vendue
annuellement sur son marché pour alimenter les moulinages qui dès le XVIIe siècle sont
venus utiliser la force motrice des rivières vivaraises.

En 1670, Colbert fit venir l'un des plus habiles mouliniers de Bologne (Italie) Pierre Benay qui monta une filature et un moulinage à Foss, petit village situé à six kilomètres d'Aubenas. Peu de temps après, Suchet établit aussi à Largentière une filature dont on voit encore un fourneau à bois. (1)

~~~~~~~~~~~~~~~~~

Ruines Féodales : UCEL

Sur un monticule dominant la route de Vals à Privas et l'Ardèche au lit dévasté, parmi le gris des rochers calcaires et des oliviers, se dressent les ruines de ce qui fut le château d'Ucel. A mi-côte, au-dessus d'un rocher plein de cavités où se retirèrent les compagnons de Jéhu de la région « les Djèzu » des habitations taillées dans le roc par les premiers hommes, font songer aux Balmes de Montbrun. D'épais pans de murs semés çà et là, sur le gazon ras de ce sommet de montagne en miniature, rappellent les blocs erratiques de St-Jean-le-Noir.

Deux maisons que l'on pressent inhabitées, deux maisons aux façades hautaines, surveillent la vallée avec le scintillement du soleil couchant sur leurs vitres. Puis tout à coup les ruines féodales surgissent déchiquetées, démantelées, et ce demi-cercle de murs lamentables semble vouloir étreindre la bise des Cévennes qui gémit à travers les meurtrières, ou tendre des bras désespérés vers le féodal inconnu et improbable qui redonnera la vie à ces vestiges.

C'est au fond de l'hémicycle aux parois duquel se voient encore la trace des arceaux d'une chapelle, que le peintre Duffaud, l'auteur esti-

_____

(1) D'après des notes communiquées par M. Léopold Cuchet, Président de la Chambre de Commerce.

mé de la « Mort d'Ourias » avait établi, il y a quelques années, avec
des branchages, un atelier en plein air et pittoresque à souhait. Le
panorama découvert de ce point devait en effet tenter le pinceau d'un
paysagiste :

Au pied de la colline — telle une couleuvre monstrueuse —
l'Ardèche avec ses méandres majestueux, ressemble à un fleuve dont
le lit se trouverait tapissé de prairies en formation. En ce mois d'avril
d'un printemps sec, l'eau dort dans les gouffres et le vent fait courir
à la surface des flaques comme un frémissement de vagules d'argent,
cependant que les aulnes toutes jeunes mirent leurs frondaisons d'un
vert si tendre.

Sur la rive opposée : Labégude avec ses cités ouvrières, et la
fumée noire de sa verrerie, le pont du Bateau avec les premières
villas éparses de Vals la fraîche qui se cache derrière son coteau de
Lauzière, sous ses bosquets aux mille essences.

Et sur l'horizon, se profile la théorie des tourelles des clochetons,
des coupoles et des remparts d'Aubenas, cette réduction de Stamboul
bien faite pour inspirer le poète et le peintre.

***

Des trous arrondis que l'on dirait faits dans les murs par de
gigantesques boulets, permettent de voir le versant opposé du
monticule sur la pente duquel se pressent les toits du Grand-
Village ou Vieux-Ucel. Au pied des fondations, de béants trous
carrés de toutes dimensions semblent vouloir happer quelque chose.
L'un d'eux surtout, dans lequel un homme pourrait descendre tout
juste, apparaît particulièrement sinistre.

*
* *

En quelques pas, on se trouve dans le village qui a conservé son
caractère féodal. Dans bien des ruelles, on marche sur le rocher
même, dans les escaliers primitifs que des milliers de sabots ont
creusés. Les maisons, presque toutes à croisillons datent du
dixième siècle. Après une descente pittoresque sous ses arceaux,
entre des maisons abandonnées aux façades piquées de broussailles,
on débouche dans une rue transversale qui paraît être la grand'rue.
Deux mètres au plus, dans les endroits les plus larges.

On s'engage sous des voûtes percées de lucarnes qui permettent de
lire à grand'peine les plaques d'assurance clouées aux vieilles portes.
Ce ne sont que portails ouvragés ouvrant dans des cours emplies de
litière, angles de maisons empiétant sur la rue, toitures débordantes
et dépourvues de chenaux : le tout dans un chaos et une demi-
obscurité du plus charmant effet. Des pas de femmes sonnent
intérieurement sur les dalles des cuisines, un bêlement sort des
étables, des chevaux s'ébrouent sourdement et les sabots d'un homme
cheminant vers la fontaine, varaillent parmi les pierres.

*
* *

Au bout de la rue, brusquement l'on rentre dans la pleine lumière
et l'on chemine entre des cerisiers fleuris, dans un vallon idyllique
rempli de mûriers, de jardins et au fond duquel chantonne un
ruisselet sous l'herbe déjà haute.

Et tout en s'éloignant de ce ramassis de toits antiques l'on croit revenir d'une espèce de Bruges-la-Morte qui n'aurait pas l'eau paresseuse des canaux flamands, mais qui aurait en revanche, l'azur incomparable du ciel ardéchois.

***

UCEL. — Au XIIe siècle, le prieuré d'Ucel avait sous sa dépendance les églises de Vals, de Saint-Privat, de Mercuer, de Saint-Julien-du-Serre et Lachapelle, du château d'Ucel, plus important qu'Aubenas à cause de sa position sur la grande route de Viviers au Puy.

En mai 1574, les protestants prirent et démolirent le château d'Ucel.

En 1790, les biens dépendants du prieuré d'Ucel furent évalués par les experts nationaux a 12.600 livres.

A propos des Brigands en Vivarais

M. le docteur Francus affirme, dans une lettre, que l'expression de Compagnons de Jéhu ou Djézu est entièrement inconnue dans la région d'Aubenas et du Coiron. Or, j'ai interrogé des anciens du pays qui m'ont répondu que les Djézu étaient des brigands dont ils avaient, dans leur enfance, entendu conter les exploits. Et voici, à l'appui, deux anecdoctes qui me paraissent significatives.

***

La fortune de Labrot, prêtre assermenté de Fabras, excitait la convoitise des Djézu dont le chef était d'Ucel.

Ce chef de bandits avait été un des hommes de confiance du comte de Saillans qui, en souvenir, lui donna une épée. Il se tenait en correspondance avec le généralissime du Camp de Jalès et dans la région d'Aubenas on l'appelait Saillans.

Dans un conciliabule qui se tint au Pont-de-la-Baume, Saillans se déclara contre le meurtre, et la lie de la bande partit vers Fabras, malgré le crucifix que le chef brandissait pour rappeler le pouvoir qu'il avait toujours exercé sur l'affiliation.

Le curé Labrot fut tué à coups de fusil, le matin, au moment où il ouvrait sa fenêtre. La servante se sauva grâce à une cachette pratiquée derrière une cheminée et les brigands emportèrent 1200 francs provenant d'une récente vente de moutons.

Ce Saillans, amnistié, travailla encore une fois pour parfaire la dot d'une de ses filles. Il essaya d'arrêter le Trésor qui allait au Puy. Un petit garçon alla raconter aux soldats de l'escorte que des hommes armés se cachaient dans les seigles. Les détrousseurs furent pris, conduits, jugés et exécutés au Puy.

Il doit rester des traces de cette affaire dans les archives du tribunal de cette ville.

**
**

L'anecdote suivante semblerait faire croire que les Djézu se recrutaient en certains endroits parmi la classe élevée de la société.

Un propriétaire surnommé Fourniquet avait organisé sous la Révolution une société secrète comprenant les hommes les plus marquants de Lentillères et des environs, dans le but de supprimer les amis de la République. Fourniquet essaya, une nuit, d'avoir l'assentiment du maire de Prades, propriétaire riche et estimé.

Après être descendu à la cave où l'on mangea un morceau, le maire répondit en ces termes aux propositions de Fourniquet : Tu es chez moi, mange et bois, mais si tu me parles encore de cette affaire de coquins, choisis entre la porte et cette trique.

Le chef de la bande dit en se retirant : « C'est bien. Tu auras de mes nouvelles avant peu. »

Là-dessus les deux hommes se quittèrent. Durant trois nuits le brave homme monta la garde, fusil aux doits, se demandant parfois s'il n'était pas criminel de rester en dehors d'une association qui devait rétablir l'Eglise et châtier ses ennemis.

Son père et sa mère, vieillards paisibles, pleuraient de voir leur fils en rébellion contre cette puissance occulte et le maire eût-il fini peut-être par changer d'idée quand, le lendemain, une femme qui gardait des chèvres près de Prades apprit au maire que Tourniquet avait été tué par un de sa bande à la suite d'une discussion.

Voilà ce qui se raconte dans le pays par des personnes tout à fait dignes de foi qui les donnent comme de *vraies histoires de brigands.*

LE PEINTRE DUFFAUD

Jean Baptiste Duffaud est né à Marseille en 1853, mais ses parents sont Ardéchois et leur sépulture se trouve à Ucel où le peintre a un atelier en pleine campagne à la lisière d'un bois de pins.

Pensionnaire de sa ville natale, il entre en 1872 à l'école des Beaux-Arts, en sort trois ans plus tard avec une récompense, puis la même année 1875 débute au Salon des Champs-Elysées avec un tableau tiré de la Favorite, suivi sans interruption d'envois divers, portraits ou sujets de genre très remarquables parmi lesquels on doit citer plus particulièrement la Mort de Saint-Pol de Deou acquis par l'Etat, les portraits du commandant G... de Madame Duffaud, mère de l'artiste, de M. Rouvier, ancien ministre, puis les Etoiles, la Mort d'Ourias (tiré de Mireille) acquis par l'Etat; Lux Mystica, Lou cor d'esriho, pastorale provençale et l'Estello de Craou.

Le 22 décembre 1896, un banquet de trois cents couverts lui était offert à Paris, sous le patronage de Barrias, un de ses maîtres, Bonnat Bouguereau, Jules Breton, Benjamin Constant, Falguière, Luc Olivier, Merson. Bartholdi pour fêter la récente promotion du Duffaud dans la Légion d'honneur.

BOULOGNE

En remontant la vallée de l'Oise, après avoir dépassé un moulinage rustique, les ruines de Boulogne se dressent : gigantesques pans de murs, massives tourelles, sur une sorte de presqu'île reliée à la montagne par un pont. Derrière, comme cadre, une forêt de pins, et plus loin sur l'horizon : le massif coironnais, le col de l'Escrinet, Gourdon.

Au pied des murs, échelonné sur la petite côte, au-dessus de la rivière qui glougloute sous les énormes blocs de granit, le village féodal se chauffe au soleil, triste sous le lierre envahissant.

A mesure que l'on s'approche, la silhouette du vieux castel se découpe et maintenant voilà que se détachent violemment, royalement sur le ciel bleu où courent de rares nuages, les ruines déchiquetées.

e[*]e

Le curieux portail de ce château historique est à peu près conservé. Deux colonnes simples et deux torses supportent des chapitaux surchargés de sculptures. Le tout se termine par un fronton triangulaire d'un bel effet Deux énormes pierres ornées de denticules, manquent d'un côté ; l'une d'elles s'aperçoit au fond d'une cavité où l'on a jeté des bruyères ayant servi à la montée des vers-à-soie.

Au-dessus de la porte, une figure ressemblant à celle du roi Humbert, montre les crocs à ceux qui ne viennent pas en amis au château. Cette figure a quelque chose du bull-dog, Les corps de logis qui flanquent le portail sont habités.

PORTAIL DU CHATEAU DE BOULOGNE (XVe SIÈCLE)

J'entends le pas d'une femme en sabots montant des escaliers, et ce bruit de modernes sabots plébéiens dans ces magnificences m'a paru drôle.

La cour d'honneur est un champ où le fermier a semé du blé, des pommes de terre, où l'on a planté des arbres fruitiers. Des poules picorent sous une treille de chasselas aux bourgeons naissants. Un cerisier plutôt malingre a poussé dans les ruines du donjon, avec, à vingt mètres au-dessus, cinq marches d'un escalier à colimaçon. A la porte d'une pièce qui sert de grenier, entre deux pierres de taille, se pavane une fleur.

⁂

Après une dégringolade parmi le platras encombrant l'intérieur d'une arcade monstrueuse, on débouche dans l'unique ruelle du village. Vieilles maisons aux tuiles archi-moussues, fenêtres sans carreaux, croisées barrées de vieux fer, volets pourris. Cela sent l'abandon, l'ennui de vivre en un tel lieu, parmi les rochers rayés de fontaines de purin brun.

⁂

Du haut d'un roc couronnant une montagne voisine, mon regard plonge vers cette presqu'ile sur laquelle se dressent orgueilleusement ces débris précieux et altiers ; je m'imagine l'armée de Lestrange sortant du château, et remontant le cours de l'Oise parmi les aulnes et les peupliers, pour aller arrêter l'armée protestante débouchant de l'Escrinet à la débandade et je m'explique maintenant le charme que l'on éprouve, quand de la route de Privas, pendant un court instant, on aperçoit des portières de la patache, dans la gorge étroite, les tours hautaines se profilant sur les bois noirs, dans la brume bleuâtre des beaux jours d'été.

☙

BOULOGNE. — Ce château ainsi que celui de Baix, du Pouzin, Lavoulte, Privas, Le Teil, Saint-Alban existait avant 1239 et appartenait à Raymond de Toulouse.

———

LA GROTTE DE CHABANNES

Beaucoup d'Albenassiens s'offrent un petit voyage au Pont d'Arc et aux grottes de Vallon et bien peu connaissent la pittoresque vallée de Louïre qui vient déboucher à l'Echelette à deux pas de leur vieille cité. Figurez-vous en temps de sécheresse un ruisseau étalant ses flaques tantôt limoneuses, tantôt encombrées d'algues où se réfugient les grenouilles aux prestes plongeons réjouissants : un ruisseau soulignant de gouffres clairs et glacés la base de hauts rochers calcaires couronnés de chênes verts.

Ce paysage ressemble assez à la vallée de l'Ardèche entre Vallon et le Pont d'Arc. Ici pas de route mais des sentiers courant au bord de l'eau. De part en part cette continue muraille blanche baille et laisse échapper en temps de pluie une cascade qui tombe dans le lit du torrent. Puis à un détour voilà que s'ouvre brusquement à la base de rochers mesurant quarante mètres de haut,

6

une large excavation dont la voûte rappelle l'enjambement du Pont
d'Arc. Des bancs de rochers s'enfoncent parallèlement dans la montagne
et servent de trottoir naturel pendant les grosses eaux. Après avoir
franchi une vingtaine de mètres, une deuxième arcade, réduction de
la première, laisse entrer dans une haute salle déjà sombre, dont les
parois se recouvrent d'une pétrification souillée par les déjections
d'innombrables chauves-souris. Le plafond très haut est percé de deux
trous circulaires que les ténèbres font paraître plus noirs que les
rochers environnants.

GROTTE DE CHABANNES

Après avoir
marché pénible-
ment à travers
de gros blocs
détachés de la
grotte on se
trouve devant
une troisième
arcade encore
plus petite que
la précédente et
l'on s'engage
dans un couloir
de la hauteur
d'un homme et
que l'on ne peut

mieux comparer qu'à un tunnul de chemin de fer. La voûte est
parfaitement arrondie, les parois en sont verticales et sur les côtés
deux minuscules trottoirs permettent une promenades courte, il est
vrai, car l'eau apparaît et les submerge. Entre ces trottoirs une nappe
d'eau claire et glacée stagne et devient plus profonde à mesure que

l'on s'avance. Pour continuer le voyage il faudrait une barque. Des audacieux montés sur deux tonneaux reliés par deux planches, sont partis à l'aventure sur cette eau dans le noir et dans l'inconnu.

On ne sait si ce couloir est long, mais on a beau lancer des pierres de toutes ses forces on entend toujours les projectiles tomber dans l'eau sans rencontrer d'obstacles. Et après chaque caillou lancé, l'eau vient clapoter étrangement contre les parois proches, cependant que dans les profondeurs des chauves-souris troublées dans leur retraite gémissent avec un bruit d'eau jaillissant des fissures.

Au temps des pluies le tunnel vomit une nappe d'eau qui, à l'ouverture de la grotte mesure environ six mètres de large sur un mètre de hauteur. Et ce torrent s'écoule vers la vallée de Louïre parmi les broussailles chevauchant de gros blocs moussus.

NOTES HISTORIQUES. — Un capitaine protestant La Rochette et ses lieutenants furent tués à la descente de l'Echelette par des Ligueurs embusquées.

VESSEAUX

NOTES SUR VESSAUX. — Le 5 Janvier 1620, les soldats protestants d'Aubenas et de Vals, allant en congé passèrent par Vesseaux, terre de M. de Lestrange et s'amusèrent à la débauche. Ils étaient cent cinquante chargés de chaudrons et de poules. M. de Lestrange avec dix chevaux et cinquante soldats alla à leur rencontre et les tailla en pièces entre Vesseaux et Aubenas. Châteauvieux et quarante de ses soldats furent tués.

Près de Vesseaux se trouvent d'anciennes sépultures gauloises
bien caractérisées et dans lesquelles on a trouvé parmi des ossements
divers, les perles en os d'un collier.

Il parait certain que Clotilde de Surville séjourna à Vesseaux. L'on
montre encore son manoir aux portes armoriées. Aujourd'hui la
chambre où Clotilde composa peut-être plus d'un de ses poèmes sert
d'entrepôt à un épicier. On peut y voir des caisses de savon et des
bonbonnes de pétrole. Une vieille femme montre aux visiteurs une
lourde pierre sculptée en forme de cœur et portant à l'intérieur trois
roses épanouies. « C'est le cœur de Clotilde de Surville. nous dit-elle.
Il parait que c'est son monsieur qui le lui avait taillé. »

Il y a quelque temps le conseil municipal de Vesseaux eut l'idée
d'élever une statue à Clotilde. mais devant le peu d'enthousiasme
des souscripteurs on dut renoncer à ce projet.

LA TOUR DE VILLE

D'Aubenas, on la voit, la vieille Tour, à cheval sur une de ces
collines que Melchior de Vogüé compare aux collines de Palestine.
Elle dresse parmi les vignes, et les oliviers, au-dessus de l'Ardèche.
ses ruines grises semblables à celles de Rochemaure ou de Crussol.

De près la Tour de Ville n'est guère imposante. Un pan de mur
percé d'une balafre longitudinale, des morceaux de tourelles
émergent d'une ceinture de prunelliers et de clématites. Des mûriers
ont poussé dans le petite cour intérieure. Ce qui fait l'intérêt d'une
promenade à la Tour, c'est le coup d'œil vraiment point banal dont
on jouit de ce point privilégié.

Au pied du monticule, des carrés de vignes, de blés moissonnés
piqués çà et là par les têtes rondes des mûriers. Plus loin, le lit
dévasté de l'Ardèche torrentueuse avec ses troncs penchés et
entortillés d'herbes, ses flaques sinueuses où se reflète le ciel rouge

du couchant. Des bruits variés de grenouilles montent de ces flaques,
viennent se joindre au cri monotone des chouettes et au son d'une
grosse cloche dans le lointain.

Et dans la plaine, Fontrôme dort claire et fraîche dans sa vasque
sablonneuse et franchit en grondant son rideau de verdure pour
activer les moulinages de Saint-Pierre.

Sur sa côte, Aubenas étage ses villas, ses rues, ses promenades,
ses clochers et ses dômes parmi le noir des arbres et déjà les lampes
électriques trouent le crépuscule qui descend.

FONTROME, près AUBENAS

Et plus loin encore, au-dessus des vallées de plus en plus noires,
se dressent dans le ciel rouge semé de nuages violets, le Tanargue
aux croupes monstrueuses, les Cévennes coiffées de châtaigniers,
Sainte-Marguerite couronnée de pins, le camp de César et Gourdon
avec leur profil rocheux et nu.

Puis coupant ce silence des choses et rayant l'obscurité à peine entamée par la lune puissante, le train de neuf heures débouche de la trouée de Vogüé, étale sa traînée de fumée blanche et roule sourdement, tel une monstre aux yeux rouges.

NOTES HISTORIQUES.— En 1629, M. de Montmorency afin, de soumettre Vals fit semblant d'aller l'attaquer, poussa jusqu'à Aubenas et amena deux canons avec des troupes jusqu'à la Tour de Ville.

C'est là aussi qu'en 1670 Latourette, un des lieutenants de Roure fut assommé par 50 hommes de Vesseaux.

VALS-LES-BAINS

―――――

« Un cygne blanc couché dans un nid de verdure. » Telle est l'image employée par Ovide de Valgorge dans ses *Souvenirs*, pour désigner la station vivaraise.

Vals est au seuil des vallées de la Volane et de l'Ardèche, vallées qui peuvent lutter avec la Suisse au point de vue pittoresque. Resserrée entre ses collines verdoyantes, Vals gênée comme par un étroit corset escalade avec ses villas les pentes. Ce n'est parmi la profusion d'arbres de toutes essences, que maisons blanches toiturées de rouge.

Au milieu de cette symphonie de rouge, de blanc et de vert, la Volane, la fraîche et limpide rivière descendue des gorges sauvages de Mézilhac, fait bouillonner contre les cailloux de toutes couleurs et les rochers de granit rose l'écume blanche de ses eaux.

Des ponts élancés, festonnés, légers comme les flots qu'ils enjambent, des passerelles graciles se succèdent pour la grande joie des flâneurs ou du poète parti pour la chasse des rimes.

En amont, barrant l'horizon, l'église et son clocher s'évertuent à atteindre le faîte des collines voisines, des montagnes lointaines, des Cévennes vertes qui jusqu'en avril gardent leur neige immaculée, mère des sources vives.

―――――

FÊTE DE NUIT

Dans le parc féériquement éclairé, dans le parc, dont les verdures font songer à de merveilleux décors de théâtre, sur une estrade dominant la foule bigarrée des toilettes d'été, la première chanteuse : Stella de la Mar. Hincelin, Demalac ou une autre, jette ses vocalises à la nuit calme, aux arbres immobiles ainsi que des cariatides. Le bruit des pas a cessé de crisser sur le sable des allées, les cuillers sont retombées dans les soucoupes, les bocks ne s'entrechoquent plus et les porteurs de sorbets et de glaces arrêtés, la main sur la hanche, la serviette sur l'épaule, écoutent. Ce silence n'est coupé que par le roulement sourd des voitures qui passent derrière la clôture du parc. Tout à coup, un mouvement se produit dans les groupes. Des hommes, des femmes, des tablées entières se lèvent, abandonnent la chanteuse et courent vers la vasque de basalte du milieu de laquelle surgit l'Intermittente, ce Geyser en miniature.

Un grondement souterrain annonce le phénomène, puis voici un jet d'écume, qui éructe et mouille de sa bave les premières pierres. Le trou redevient noir, la source semble puiser dans cette retraite une force nouvelle. Le jet remonte, tombe, remonte, retombe grandissant à chaque chute, ronflant, crachant, rugissant jusqu'à ce qu'arrivé à l'apogée, il lance avec une majesté souveraine sa colonne d'eau réduite en poussière impalpable. Magnifique de blancheur et de grâce, l'Intermittente s'élève à la hauteur des arbres et tous les yeux convergent vers son panache, vers cet œillet gigantesque aux senteurs sulfureuses. L'apothéose dure ainsi quelques minutes, puis insensiblement la colonne décroît, décroît ; le trou râle maintenant,

VALS-LES-BAINS (Vue sur la Volane)

une dernière poussée lache et plus rien que le bouillonnement souterrain de l'eau qui se retire.

La chanteuse qui s'était arrêtée, reprend sa chanson de Bohême ou son Salut à la France de la *Fille du Régiment*, et la fête continue, de moins en moins animée à mesure que les heures matinales sonnent aux horloges des Bains et ne reprend sa vigueur qu'à l'ouverture du bal champêtre autour de l'Intermittente, maintenant bien tranquille au fond de sa vasque mouillée.

SOUS LES QUINCONCES

Voici un coin peu fait pour les amoureux de silence et les chercheurs d'oubli. On n'entend que le heurt des maillets, les exclamations parfois maniérées des joueuses de croquet se sentant observées par une foule d'oisifs. Les toilettes y sont flambantes, le flirtage y est bien reçu. C'est un bruit discret de voix, dominé par les cris non contraints des Nimois qui en bras de chemise font de multiples parties de boules attentivement suivies par une galerie qui cherche à tuer le temps.

Au bord des Quinconces, un escalier creusé dans les rochers volcaniques apportés là à grands frais, conduit aux grottes Vivaraises qui pour être artificielles n'en sont pas moins très belles et charmantes avec leur bruit de sources minérales et fraîches tombant dans des vasques pittoresques.

MATINALE

Très faible, d'une lividité de suaire, l'aube angoissante luttant contre la nuit, vient mettre des blancheurs ternes aux fenêtres, se faufile dans les chambres, fait pâlir les lumières éclairant la table de jeu, montre sur les visages, dans les yeux des pontes les meurtrissures d'une nuit agitée, claironne par les monts l'hallali triomphant du jour qui commence

Et l'on sort du cercle, le cerveau vide, les idées confuses. Sur la terrasse l'impression demeure. Les objets revêtent des formes fantastiques. En cette ombre indécise, on se représente le bruit charmeur, l'animation aimée, les toilettes, la féérie brillante des onze heures du soir, quand on alla tenter la fortune, et pensant au dédain qu'on eut pour cette fête, et à la *culotte* qu'en vient de s'octroyer, on se traite tout bas d'idiot.

Mais déjà la vie s'éveille, le jour entre vainqueur dans le Parc, semant des reflets et des tonalités étranges en ce crépuscule matinal. Des ouvriers passent, l'outil de travail sur l'épaule, jetant des regards méprisants ou envieux sur de prétendus heureux. Une voiture arrive, tourne, s'arrête. En route les joueurs et Gavroche les voyant partir s'écrie : « Voilà les décavé qui se cavalent. »

Nous, cependant, indifférents, nous restons. Une promenade dans le Parc nous remettra sans doute. On promène encore et encore, humant la fraîche brise et les senteurs humides du bois. On redescend, on erre dans le vieux Vals qui semble ouvrir ses paupières, et voilà qu'une idée soudaine, nous fait gravir les hauteurs du *Calvaire*.

De cet observatoire grandiose, dont l'aurore fait rougeoyer les reliefs bronzés, nous dominons Vals endormie, silencieuse et les

collines, les bois, les maisons et la Volane qui serpente, tel un ruban
d'argent et peu à peu les lourdes torpeurs du cerveau se dissipent,
comme s'évanouissent les dernières ombres de la nuit, et l'on
s'éveille comme d'un songe mauvais, devant l'apothéose splendide
du soleil dont les premiers rayons ont brusquement enchanté la
vallée et noyé le regard de lumières...

D'après Paul Meissonnier

AU PARC DE LA DOMINIQUE

Dans l'après-midi, cependant que l'orchestre du Casino joue dans
le Parc de l'Intermittente une *mosaïque sur Tannhauser* ou la *marche
Indienne*, les vieilles gens, les enfants chétifs, les jeunes filles dont
l'austérité se voit sur leurs visages pâles émergeant de toilettes
sombres, les adolescentes malades, tous assis sous les tilleuls, les
marronniers et les cèdres lisent, cousent ou regardent le va et
vient continuel des anémiques assidus de la Source Dominique.

Une statue symbolisant les eaux de Vals s'harmonise avec le vert
plus sombre des cèdres et de gracieuses créatures de bronze aussi
portent les globes électriques avec une élégance suprême.

Des ponts rustiques sont là à quelques pas sur les ruisseaux
voisins et au-dessus de la Dominique, un frais vallon s'ouvre plein
du chant des oiseaux, un vallon vrai, en pleine nature inculte et
sauvage, à deux pas de toutes les merveilles que l'artifice de l'homme
a créées. Des solitaires, un livre aux doigts, des poètes, la tête basse,
les yeux vagues s'égarent dans ce coin si délicieusement frais et
chuchoteur de rythmes.

AVENUE FARINCOURT

C'est la grande artère du Vals balnéaire. C'est là que passent tous les malades se rendant aux bains ou à la douche, tous les amateurs de la musique du parc. c'est le chemin du théâtre. du jeu. des journaux. des hôtels. de tout ce qui attire et retient.

Après la musique, vers les cinq heures, l'Avenue Farincourt est un fleuve humain bariolé de toilettes multicolores. sillonné par les omnibus d'hôtel ou les tramways et ce fleuve marche avec la joie dans les yeux, sous la verdure des platanes.

Des gens s'attardent aux terrasses des cafés pour l'apéritif coutumier. tandis que des marchandes d'*oublies* installent leurs tonnelets rouges et que les joueurs de harpe, tels de modernes rois David. pincent avec gravité les cordes harmonieuses.

Et le soir l'Avenue s'emplit de la musique des salons. qui, fenêtres grandement ouvertes à la fraîcheur du soir. envoient les notes sautillantes des pianos et les frissons des violons pour l'enchantement des passants. Et l'on emporte la vision de tout un midi select qui se serait donné rendez-vous à Vals pour un pèlerinage de plaisir innocent et d'art délicat.

NOCTURNE

Fiévreuse, la sonnerie électrique égrène ses appels à l'angle de la Terrasse, le préposé aux petits chevaux, celui qui tant de fois répète automatiquement : « Rien ne va plus », agite sa sonnette. Et à la

fin des applaudissements ponctuant le premier acte, la foule des
toilettes claires et des complets de couleur. est vomie par l'étroite
sortie et se répand, telle une rivière aux mille bouches, dans le parc.
Les petits chevaux ont bientôt leur haie de joueurs des deux sexes
et d'amateurs qui suivent la chance ou la déveine d'un assidu.

C'est un étalage de boutonnières fleuries, de cigares opulents et
de porte-monnaie élégants dont la galerie. faite souvent de pauvres
diables. se repait.

Après l'entr'acte il y en aura qui courant après leurs pièces de cent
sous. continueront la partie dans l'attente d'une veine improbable.

Rien ne va plus..... Le cinq. le trois. l'as..... crie de temps à
autre la voix du croupier. dans un tintement d'argent qu'on ratelle.
De temps à autre des chançards. une poignée de pièces blanches au
fond de la poche entrainent toute une bande d'amis vers la Terrasse
où ils commandent les consommations les plus coûteuses.

D'autres glissent vers la porte du cercle. vers le palais où règnent
les voluptés continues de l'abattage ou les incertitudes du tirage à
cinq.

∘°∘

Toute la foule n'est pas autour des chevaux argentés. qui tournent
si gracieusement dans les rainures du tapis vert : des couples s'en
vont à travers les allées. du pas automatique des groupes festoyants.
en quête d'air frais, des hommes s'égarent en dehors du parc, sous
les promenades propices à la recherche d'une bonne fortune, tandis
que des rêveurs stationnent sur les ponts cherchant, la cigarette aux
lèvres l'oubli d'une trahison de femme ou d'une culotte au baccarat.

L'Espissart a Antraigues, près Vals (En temps d'inondation).

Notes Historiques. — En 1621, les protestants

de Vals construisirent un fort à Labégude et essayèrent
d'arrêter l'armée de Montmorency venant de Villeneuve. Ils
furent obligés de s'enfuir à Vals, excepté sept à huit qui
furent pris. Un de ces derniers fut pendu sous les yeux de
ses compagnons. Vals attaqué par sept régiments se rendit. Les
habitants eurent la vie sauve. Six des principaux révoltés furent à la
discrétion du duc ; les fortifications et l'un des deux châteaux furent
rasés. L'autre château fut fortifié et laissé avec la ville à la
disposition de M. d'Ornano, seigneur d'Aubenas qui y mit un
capitaine et des soldats corses dans la tour. Ce capitaine fut convié
par les principaux protestants à un dîner où il alla sans défiance avec
ses soldats. La Sagesse, capitaine protestant caché avec cinquante
hommes dans une maison voisine se saisit du capitaine et de la
tour. Cette perte fut importante pour le Vivarais, à cause de sa
situation au milieu d'un pays catholique, sur le chemin du Velay et
de l'Auvergne, où tout le commerce fut interrompu.

En 1628, des soldats de la garnison d'Aubenas étant allés du côté de Vals pour tenir en jalousie les rebelles de ce lieu et laisser l'accès libre du marché qui se tient tous les samedis à Aubenas passèrent l'Ardèche et se laissèrent surprendre par les protestants plus nombreux. Beaucoup de ces soldats se noyèrent en voulant repasser l'Ardèche et une cinquantaine d'autres furent brûlés dans une grange.

La même année Vals ne voulant pas suivre l'exemple de Chomérac, du Pouzin et de Mirabel se rendit au duc de Montmorency.

FIGURES ARDÉCHOISES

VICTORIN FABRE
1785-1831

Cet écrivain, que d'aucuns surnomment le Tibulle français, naquit à Jaujac (Ardèche), mais passa toute son enfance à Vals dans la maison qui est devenue aujourd'hui l'Hôtel de l'Europe. En 1808 le cardinal Maury lui disait : « Vous devriez signer Fabre de Vals, on s'accoutumerait à dire monsieur de Vals, cela aurait l'air d'un titre nobiliaire et ces choses-là servent toujours. »

Encouragé à ses débuts par Guinguené, directeur de la Décade, Victorin Fabre plusieurs fois couronné par l'Académie Française publia les Eloges de Corneille, de Labruyère, de Montaigne, le Discours sur l'indépendance de l'homme de lettre les Embellissements de Paris, la Mort de Henri IV, Un songe de Floréal et fut vivement sollicité d'entrer à l'Académie. Il collabora d'une façon brillante à la Revue philosophique.

Victorin Fabre mourut à Paris le 28 mai 1831. Des gens de lettres distingués, plusieurs hommes d'Etat, et un grand nombre d'étrangers allèrent conduire au Père-Lachaise cet Ardéchois à qui Maury disait:

Personne ne me surpassera jamais en admiration pour votre grand talent pour la poésie comme pour l'éloquence, et en zèle pour la gloire que votre renommée assure au pays où vous êtes né.

AUGUSTE FABRE
1792-1839

Est l'auteur de la Calédonie, poème épique. Irène, tragédie, qui par sa glorifiation de la liberté des peuples effaroucha le gouvernement de la Restauration. Elle fut reçue à l'unanimité, à l'Odéon le 25 novembre et interdite par la censure. Auguste Fabre publia aussi une histoire du siège de Missolonghi et laissa inachevé un roman tiré de l'histoire grecque moderne : le Klephte.

Il fonda de concert avec son frère La Semaine, revue éphémère et dirigea seul la Tribune des Départements où il donna des articles qui formèrent deux volumes, intitulés la Révolution de 1830. Il mourut à Paris le 23 octobre 1839.

HENRY VASCHALDE

Né à Largentière en 1833, il habite Vals depuis 1866. Ses trente-huit ouvrages consacrés aux choses ardéchoises peuvent être ainsi classés :

RECONSTITUTION DU PASSÉ

Vals autrefois. — **Les Mines d'argent de Largentière.** — Vals au XVIᵉ siècle.

Recherches sur les Corporations méridionales ;
Les Mercuriales du Vivarais ;
Etablissement de l'Imprimerie dans le Vivarais ;
Les Privilèges d'Aubenas ;
Inondations du Vivarais.

HISTOIRE

Simples questions d'histoire Ardéchoise ;
Curiosités de l'histoire du Vivarais ;

7

Tombeau du Maréchal d'Ornano ;
Le Vivarais à la Représentation nationale ;
Le Comte d'Antraigues :
Le Vivarais aux Etats-généraux de 1789 :
L'Ardèche à la Convention nationale :
Les Volontaires de l'Ardèche en 1792.

ARCHÉOLOGIE

Recherches sur les pierres mystérieuses du Vivarais ;
Une inscription en langue d'oc du xv⁰ siècle ;
Recherches sur les inscriptions du Vivarais.

FORCKLORISME

Mes notes sur le Vivarais ;
Dictons et sobriquets populaires du Vivarais ;
Croyances et superstitions du Vivarais ;
Proverbes et maximes populaires du Vivarais ;

BIOGRAPHIE

Olivier de Serres ;
Bérenger de la Tour ;
Régis Breysse, sculpteur ardéchois.

LITTÉRATURE

Clotilde de Surville et ses poésies ;
Les poésies de François Valeton ;
Anthologie patoise du Vivarais ;
Bibliographie Survilienne ;
Histoire des poètes du Vivarais ;
Histoire des Troubadours du Vivarais, du Gévaudan et du
Dauphiné.

*Henry Vaschalde a publié encore des brochures sur des questions
scientifiques et locales. Il a signé de son nom des articles à la* Revue de
Marseille, *aux* Chroniques du Languedoc, *à la* Revue des Langues
romanes, *à la* Revue du Lyonnais, *à la* France d'Oc, *à la* Revue du
Vivarais *et à* l'Ardèche Littéraire.

Il a collaboré à l'Intermédiaire des Chercheurs et des Curieux sous le pseudonyme de ·A. Chevé, et à beaucoup de journaux régionaux sous celui de Bibliophile H. V.

Il est, dit un de ses biographes, le premier écrivain ardéchois qui ait illustré ses livres

Devise : « L'homme ne vit pas seulement de pain. »

***

Son frère, Maurice Vaschalde qui habite Lyon, né en 1850, est un dessinateur et un aquafortiste distingué. Il a fait beaucoup de dessins pour les livres d'Henry Vaschalde, travaillé le blason et exécuté pour des éditeurs spéciaux des albums d'eaux-fortes qui peuvent rivaliser avec les œuvres de Rajon et de Lalauze. Il a illustré aussi Marinette, poème provençal de Lucian Duc. Maurice Vaschalde est mort à Lyon le 3 mai 1897.

LA STATION

Vals est une station balnéaire connue depuis le XVIe siècle et actuellement en pleine prospérité. Ses eaux minérales inspirèrent des strophes reconnaissantes à Claude Expilly, président au Parlement de Grenoble qui, en 1609, vint y traiter et y guérir sa gravelle.

Mme de Sévigné cite les eaux de Vals et Rousseau dans ses confessions parle d'une certaine dame à qui les médecins avaient ordonné les eaux de Vals. « Dans Trois âmes d'artistes, » Paul Bourget les cite encore et Melchior de Vogüé publia sur Vals en 1892 dans la « Revue des Deux Mondes, » des notes qui peuvent être considérées comme les plus belles pages qui aient été écrites sur cette coquette station.

« La station de Vals est située à ce point précis où deux natures se heurtent au seuil des montagnes, à l'orée des vallées resserrées de l'Ardèche et de la Volane. Dès l'extrémité de la bourgade, sur le tournant d'une route, l'ardente chanson du Midi éclate dans le fourré luisant de chênes verts, dans les oliviers et les cyprès, moines gris, moines noirs, penchés sur les treilles joyeuses. A l'autre extrémité, les maisons s'étagent sous les châtaigniers qui tapissent les coteaux : il ne faut guère s'élever pour atteindre des fermes encloses entre un verger de pommiers et une prairie où paissent des chèvres, suspendues sur les ravines des torrents. Il y a quelques centaines de pas entre cette Italie et cette Savoie. Selon que le vent souffle, il apporte de là-bas le baume des lavandes et tous ces encens brûlants que la garigue distille au Soleil, de là-haut le frais parfum des bruyères, des fougères. La petite ville est charmante, au fond de la gorge qui s'évase sur le confluent des deux rivières, avec ses toits rouges noyés dans ces verdures sombres ou tendres, toute ruisselante d'eaux qui se précipitent, suintent aux parois des roches, ja. .ssen⁺ les vasques en fontaines intermittentes. La plupart de ces sources arrivent minéralisées du sous-sol volcanique ; les gens du pays en avaient reconnu l'efficacité depuis des siècles ; l'observation médicale y a découvert une gamme extrêmement étendue, adaptée au traitement de nombreuses affections. Un peu plus haut, dans la vallée de l'Ardèche, les eaux chaudes de Neyrac étaient célèbres dès le xııᵉ siècle ; on y avait fondé une léproserie à l'époque des croisades. Vals est le Vichy méridional. Tout ce qu'il y a de dyspeptiques et de gastralgiques entre le Rhône, la Méditerranée et la Garonne vient se faire réparer ici. »

E.-M. DE VOGUÉ.
« Revue des Deux Mondes » (15 septembre 1892).

Vals possède une cinquantaine de sources exploitées. La « Société Générale » à elle seule envoie aux quatre coins du monde environ 6 millions de bouteilles. C'est Paris qui en absorbe la plus grande quantité ; puis viennent l'Italie, l'Angleterre, les Etats-Unis et l'Algérie. Chaque année 10,000 baigneurs viennent boire sur place l'eau bienfaitrice. Vals est seul à posséder pour caractéristique la gamme des sources bicarbonatées sodiques les plus fortes jusqu'aux eaux bicarbonatées sodiques les plus faibles en passant par les minéralisations moyennes.

Il est encore seul à pouvoir combiner avec le traitement alcalin le traitement arsenical par la Dominique source unique en Europe.

Les eaux minérales administrées en boisson ne sont pas la seule ressource thérapeutique de Vals. Trois établissements de bains et de douches y sont ouverts aux malades. Le plus ancien celui qui mit d'un seul coup la station de Vals au rang des premières stations de France est le Grand Thermal. Il est demeuré le plus important, le mieux installé, le mieux desservi par d'abondantes quantités d'eaux minérales. Tous les médecins étrangers sont d'accord pour proclamer la perfection de l'outillage de cet établissement.

Bientôt, grâce à l'immense réservoir établi à la Chataigneraie, une grande piscine sera organisée.

Le Casino actuel, dépendance de la Société Générale, est situé dans le gracieux parc de l'Intermittente et répond aux désirs de la grande majorité des amateurs de spectacles. L'opéra, l'opéra-comique, l'opérette, la comédie, le vaudeville, y sont interprétés par des artistes engagés en hiver à Paris, Bordeaux, Avignon, Lyon, Nancy, etc. Dans l'immeuble luxueux, contruit pour un théâtre, on va installer sous peu une grande salle de fêtes, un salon de conversation, un grand restaurant et un salon de lecture pourvu de toutes les revues et publications désirables.

Vals étant au débouché de toutes les vallées du Bas-Vivarais est admirablement situé comme centre d'excursions de cette région dont M. de Vogüé a écrit:

« Il y a des régions plus majestueuses dans notre France ; il n'y en a pas, à ma connaissance de plus originale et de plus contrastée où l'on puisse comme ici passer en quelques heures de la nature alpestre à la nature italienne ; il n'y en a pas où l'histoire de la terre soit écrite sur le sol en caractères aussi clairs, aussi vivants. Ajouterai-je qu'il n'en est point de plus ignoré et où l'on ait davantage le plaisir de la découverte. Depuis que nos alpinistes et nos romanciers ont déniché les Causses du Tarn sur l'autre versant des Cévennes, le massif Vivarais est la dernière citadelle encore défendue contre l'Alpenstock et contre la plume du vulgarisateur. »

BOURG-ST-ANDÉOL

Une petite ville de belle allure, étagée au bord du Rhône, flanquée de massifs monuments ; une petite ville dont les vieilles et cossues maisons bourgeoises ont une physionomie si hautaine et si originale à la fois ; une petite ville baignée de soleil, emplie de gaieté méridionnale, pleine de femmes aux piquantes toilettes ; une ville dont les balcons sont ornés de frais minois regardant le spectacle changeant du Rhône aux remous gracieux.

DOLMEN DE CHAMPVERMEIL

À chaque coin de rue du vieux Bourg surgissent des curiosités d'architecture ancienne, telles : l'église paroissiale, la tour Nicolaï. Sur les places, des statues : *Diane à la Biche* et ce magnifique monument de marbre immaculé élevé à la gloire de *Dona Vierna*, la bienfaitrice bourguésane.

Et par les matinées calmes et claires, rien ne doit dépasser en douceur et en pittoresque cette coquette bourgade, voluptueusement allongée, derrière les platanes du quai Madier de Montjau et mirant ses curieux édifices dans l'eau bleuâtre du Rhône.

.

Je n'ai pu vous voir, dolmen de Champvermeil, bas-relief de Mithra, mais je t'ai vue, tant vantée fontaine de *Tournes*, dans ta vasque de calcaire blanc avec ton figuier qui trempe ses fruits dans ton eau claire et tes parois tapissées de fougères. Je t'ai vue dans la honte de tes basses eaux : un tout petit ruisseau faisant à peine mouvoir les ateliers de la vallée, mais je t'ai évoquée bouillonnante sous ta

FONTAINE DE TOURNES

grotte et crachant sur le rocher, aux trous curieux, ton échevèlement d'écume blanche.

.

Vieille cité de mariniers, porte de Provence, ton souvenir sera toujours lié à celui du délicieux voyage en bateau que je fis pour te voir : glissement doux dans un merveilleux décor, sous un ardent soleil tombant sur les vagues du fleuve.

.

Notes Historiques. — On croit que ce nom vient de Borgagiates. Saint Andéol y souffrit le martyre. L'église est sous son invocation. On y montre encore le tombeau dans lequel ses restes furent ensevelis.

Au XIᵉ siècle, Bourg-St-Andéol devint une des villes les plus importantes du Vivarais et les évêques de Viviers en firent leur résidence ordinaire.

En 1362, cette ville fut prise par le baron des Adrets, le terrible chef protestant qui venait de marquer d'une façon sanglante la prise de Pierrelatte.

BAS-RELIEF DE MITHRA

Derrière le second bassin de la fontaine de Tournes, autrefois appelée *Grand-Goul*, est un bas-relief mithriaque taillé dans le roc même. Il a plus de deux mètres de long sur un mètre trente-deux de haut. Il représente un jeune homme vêtu d'une chlamyde, coiffé d'un bonnet phrygien et sacrifiant un taureau qu'un scorpion pique au bas-ventre, qu'un chien attaque et qu'au-dessous duquel rampe un serpent. En haut, sur la gauche, est la tête rayonnante du Soleil ; à droite, est celle de la Lune. Un corbeau se penche vers la tête du jeune homme. Dans le bas, une tablette porte une inscription latine traduite ainsi : « Au Dieu-Soleil, invincible Mithras, Maxummus, fils de Mannus, averti par une vision et T. Mursius Meminus ont fait ce monument à leurs dépens. » (D'après du Mège.)

HOMMES REMARQUABLES. — Jacques Mosnier, jurisconsulte distingué ; François de Paule Combaluzier, savant médecin qui fut professeur de pharmacie à l'Université de Paris ; Laurent de l'Ardèche auteur d'une *Histoire de Napoléon*, illustrée par Horace Vernet.

LES GROTTES DE SAINT-MARCEL

Ces grottes sont situées le long de la rive gauche de l'Ardèche, à une petite lieue de St-Just, il y en a peu, non seulement en France, mais en Europe même qui offrent à un égal degré cette double condition de hauteur et de développement intérieur. Elles sont divisées en cinq salles dont la première n'a pas moins de quatre cent cinquante mètres de long sur cent cinquante de large, et communiquent entre elles au moyen de couloirs naturels jetés d'une façon abrupte et sauvage entre des masses énormes de rochers amoncelés par les siècles. Inclinez-vous tous ici devant les myriades de franges, de festons, de broderies, de fines sculptures, de colonnes, de chapiteaux, étalées au fond des entrailles les plus cachées de la terre, sous la forme apparente de capricieuses stalactites imitant à la fois le marbre le plus beau et l'albâtre le plus riche et le plus pur.

.... Ici, c'est un lustre de salon où rien ne manque, si ce n'est les bougies qui scintillent et lancent au plafond, leur douce et claire lumière ; ailleurs c'est une fontaine épanchant ses murmurantes eaux dans un bassin de forme circulaire dont les fines et délicates ciselures semblent avoir été créées par le ciseau d'un Benvenuto Cellini ; plus loin c'est une lampe d'église, une statue debout sur son piédestal, une chaire splendide de cathédrale ; puis jetés sans ordre, des débris de vases, des tronçons de colonnes, des bas-reliefs entiers vus de loin à travers le jeu fantastique des lumières ; on dirait les ruines éparses d'un temple antique.

D'après Ovide de Valgorge.

⁎

SIÈGE DE SAINT-MARCEL-D'ARDÈCHE. — Louise d'Artifeld, quatrième femme de Bertrand III de Pierre-Bernis, eut le bonheur de conserver à la ville de Saint-Marcel-d'Ardèche tout ce qui lui reste de ses anciens habitants. Lorsque le Comte d'Acier (de la maison de Crussol), chef des Religionnaires, vint en faire le siège, en 1567, elle comprit bien qu'un lieu qui n'était défendu que par un simple mur et par des habitants sans chef, ne pourrait se soutenir longtemps contre une armée de dix mille hommes ; et elle prit le parti d'envoyer un de ses gens au Comte d'Acier pour le prier de se souvenir des liaisons et de l'amitié qui étaient entre leurs maisons. Ce général ayant écouté ce qu'on lui disait du haut d'une tour, de la part de la dame de St-Marcel, répondit que non-seulement ce qui composait sa maison serait respecté, mais encore tous ceux qui auraient le bonheur d'y être reçus.

Ce discours ayant été entendu de ceux qui défendaient les remparts ils les abandonnèrent sur le champ, pour aller se réfugier dans le lieu qui devait leur servir d'asyle ; en sorte que la ville fut prise par escalade ; et tout ce qui se rencontra hors du château de la dame de St-Marcel fut passé au fil de l'épée.

Le Comte d'Acier voulait faire aussi abattre le clocher ; mais Louise d'Artifeld, dame de Bernis, lui ayant fait représenter qu'elle pourrait être écrasée par les débris, à cause de la proximité de sa maison, il se contenta de faire rompre les cloches, pour les emporter. La reconnaissance des habitants a fait passer d'âge en âge à Saint-Marcel et dans les lieux circonvoisins, la tradition de ce fait dont ils ont conservé la mémoire jusqu'à présent.

L'Histoire de Languedoc ne fait monter qu'à deux cents le nombre des catholiques qui furent tués à St-Marcel, en cette occasion.

FIGURES ARDÉCHOISES

CLAUDE-RAYMOND GUYON
1773-1834

Naquit à Saint-Montant. Il devint général de brigade en 1811 et fit toutes les campagnes de la Révolution et de l'Empire.

A Damiette en Egypte, le 10 brumaire, an VIII, à la tête de quatre-vingts hommes Guyon mit en déroute quatre mille Turcs qui se jetèrent à la mer ou furent faits prisonniers ; il reçut un coup de feu dans la poitrine et eut deux chevaux tués sous lui.

Kléber, général en chef de l'armée d'Egypte fit de cette action d'éclat, l'objet d'un ordre du jour et gratifia Guyon d'un sabre d'honneur.

Le général Guyon fut fait baron de l'Empire et mourut à Tours, pendant qu'il avait le commandement militaire du département d'Indre-et-Loire.

(D'après Albert Lexpert.)

LE CARDINAL DE BERNIS

Naquit à Saint-Marcel-d'Ardèche en 1715, d'une ancienne famille vivaraise. Encore élève du Séminaire, il était déjà connu par de petits vers très légers et par sa conduite trop mondaine. (1) Il fut quelque temps correcteur chez François Didot.

M. de Pompadour fit sa fortune : Joachim de Bernis devint cardinal, ambassadeur, ministre des Affaires étrangères.

La Révolution le déposséda de tous ses titres. Il obtint heureusement de la cour d'Espagne une pension qui lui permit de vivre dans une grande aisance. Il fut élu membre de l'Académie Française à l'âge de 29 ans. Il dut son entrée dans la docte assemblée plus à sa haute position qu'à ses œuvres assez maigres : agréables poésies légères et quelconques poèmes épiques.

(1) Voltaire l'appelait Babet la bouquetière, à cause de la profusion de fleurs qu'il mettait dans ses vers. H. VASCHALDE.

CHOMÉRAC

P ar la route de Privas, une allée d'acacias conduit à cette vieille bourgade attaquée, bombardée, prise et reprise tant de fois par les troupes catholiques et protestantes. La ville moderne avec ses hôtels, ses magasins, est proprette, jolie. De nombreuses fontaines crachant continuellement dans leur vasque de marbre font circuler le long des trottoirs de clairs ruisseaux et par les matins de mai, le dimanche quand les rues ont été bien balayées, ce doit être un bruit charmant que tous ces glouglous et ces frais murmures d'eau fraîche.

La vieille ville au bout de la presqu'île calcaire aux blancs rochers arrondis, ressemble à Rochemaure, à Antraigues.

Ce ne sont que ruelles étroites, ponceaux, arcades, porres pittoresques. Les maisons construites avec la pierre noire descendue des flancs du

Coiron par les ruisseaux voisins, sont dominées par une grosse et lourde bâtisse quardangulaire et lézardée moitié tour, moitié château.

Chomérac apparaît grise au pied des collines grisâtres coupées çà et là par de rares verdures. Vue de la gare. Chomérac est une trainée de maisons émergeant des arbres de parcs.

Tout autour, la plaine fertile, s'étend bien cultivée, avec des villas parmi des arbres de haute futaie dont le vert sombre tranche sur le vert tendre des mûriers et des blés.

Notes Historiques. — Le 19 avril 1628, le duc de

Rohan investit Chomérac et le bombarda pendant quatre jours avec deux canons amenés de Privas. Malgré l'héroïque résistance d'un sieur de Lanas, la garnison capitula moyennant la vie sauve et la sortie avec armes et bagages.

En 1628, ce lieu quoique petit était trouvé si commode par ceux qui en étaient les maîtres pour incommoder le parti contraire que c'est celui du Vivarais qui a été le plus pris et repris.

Les protestants cachés dans des cavernes fortifiées tinrent en échec l'armée catholique pendant fort longtemps dans ce pays coupé de vallons et de montagnes qui s'étend de Chomérac à Privas. Pierre Marcha dit que les antres et les rochers résonnaient si fort au bruit de cette quantité de mousquetades que c'était une très belle chose à ouïr de loin, mais très dangereuse à ceux qui s'en approchaient, s'y étant tué ou blessé plus de gens d'un parti ou de l'autre qu'en tous les autres sièges ensemble faits dans le pays.

Enfin M. de Montmorency arriva de Baix. Chomérac fut pris, entièrement brûlé et tout le pays traversé de Chomérac à Privas par les fuyards de l'armée protestante fut désolé. Les châteaux de Cheylus et de Mauras furent démolis. Badel commandant la place, son frère et dix des principaux gentilshommes protestants furent pendus au camp de Baix en vue du Pouzin. Les jours suivants il en fut encore pendu soixante-dix.

LE POUZIN

Peyraud, Tournon, Lavoulte
Le Pouzin, Le Teil, autant de
portes ouvertes sur l'intérieur
de l'Ardèche. C'est la gare où
stationnent tous les fonctionnaires, grands et petits, que le
hasard de la carrière admi-
nistrative envoie vers le chef-
lieu. Combien parmi ces
voyageurs, arpentent le quai
de la gare avec l'anxiété de
connaitre enfin ce Privas
où quelques uns débutent,
ce Privas qualifié de *trou* et
que cependant ils quittent tous avec regret, car la petite ville les a
pris par l'affabilité de ses habitants, le charme de ses environs.

Combien joyeux repassent par cette même gare, se dirigeant vers
des postes plus importants, qui ne laisseront point en leur âme, un
souvenir aussi doux et aussi vivace.

Le Pouzin est tapi le long du Rhône qui le cogne contre la
montagne et c'est un chapelet de maisons rougies par la poussière
du minerai de fer. Au-dessus des toits modernes, les montagnes
grises s'élèvent avec leurs flancs entamés par les coups de mine des
carrières.

Les vieilles maisons sont massées derrière l'église, d'architecture

curieuse et très ornementée, et s'allongent le long de l'Ouvèze au lit
tranquille coupé de flaques, c'est dans ces quartiers que durent se
livrer les combats fameux du dix-septième siècle. Entre la distillerie
et les fonderies, l'Ouvèze débouche mollement dans le Rhône qui en
ces jours de printemps pluvieux, grossi, trouble, et grondant pénètre
dans le lit de la petite rivière et l'oblige à remonter jusqu'aux piles
des ponts.

De la ligne, parmi l'imbroglio des rails qui se croisent et s'enche-
vêtrent. la fonderie surgit, au bord du fleuve sur un fond de verdure.
et dresse sur une vaste plaine de machefer et de débris calcinés. ses
fours rouges au sein desquels rutilent d'effrayants brasiers, ses
cheminées fluettes qui crachent dans le mistral leur fumée blanche.

Avril 1897.

Notes Historiques. — Louis XIII avait besoin de la
libre navigation du Rhône pour transporter les blés de Bourgogne.
l'artillerie et les munitions de Lyon. Il chargea donc Lesdiguières
d'assiéger le Pouzin, place de sûreté protestante qui barrait la route
de Montpellier.

Le siège commença en Janvier 1622 avec huit mille hommes et
trois cents chevaux. Pendant quinze jours, la ville subit le feu d'une
batterie de six canons et se rendit. L'armée catholique y perdit
trois cents hommes. Lesdiguières avait fait faire sur le Rhône un
pont de bateaux attachés avec de fortes chaînes, ce qui semblait
merveille sur un fleuve si large et si rapide. On n'en avait pas vu le
pareil en Europe où il y eût plus de travail et d'industrie depuis celui
que César fit faire sur le Rhin.

Pierre de Boissat, gentilhomme de Vienne qui devint dans la suite
membre de l'Académie française et que l'on surnomma Boissat
l'Esprit, était volontaire dans l'armée que Lesdiguières conduisit
au Pouzin. Il a célébré les hauts faits de son héros dans une
narration latine intitulée : *Puziniensis Obsidio*

En 1626, grâce au duc de Rohan, les protestants du Vivarais se révoltent encore et le Pouzin fut repris. Le roi occupé à La Rochelle aimait mieux donner de l'argent à Brisson, défenseur du Pouzin, que de l'assiéger. Brisson rendit la place au connétable de Lesdiguières moyennant quarante mille écus comptant. Lesdiguières la fit raser entièrement ainsi que Baix et le château du Mont-Toulon.

Le Pouzin qui avait réparé ses fortifications était bastionné du côté de l'Ouvèze et du Rhône. Le faubourg était entouré de fossés et de demi-lunes jusqu'à la montagne de Chantaduc au bout de laquelle on avait élevé un fort. Sur la montagne de Lasalle on avait construit une tour et un très bon fort à quatre pointes, six cents hommes et deux canons défendaient la place. L'armée royale comprenait une dizaine de régiments, trois frégates sur le Rhône et huit canons. Les dames de Valence et du voisinage venaient au bord du Rhône pour avoir le plaisir de ce siège.

Enfin malgré les secours venus de Privas, Le Pouzin se rendit et fut brûlé. Il fut pendant ce siège, tiré six cents volées de canons.

.

Avant ce siège mémorable, les protestants du Pouzin et de Baix et des environs attaquèrent un nonce envoyé en Pologne, volèrent les bagages du cortège et ces *canailles* dit le chroniqueur de Banne, revêtus des habillements pontificaux et sacerdotaux firent leur entrée à Baix avec des propos insolents, des chants et des cris. Comme on le voit ces guerres ne manquaient pas de temps à autre, de comique et de pittoresque.

LA VOULTE

Du quai de la gare ventueuse la ville apparaît rougeâtre, blottie au pied d'une presqu'île rocheuse, couronnée par l'église, et le château tels deux sphinx tournés vers le Rhône, chemin de toutes les invasions de Barbares.

Le château est massif, énorme. La cour est bordée de bâtiments aux portails et aux fenêtres sculptés ; aux toits ornés de gargouilles mutilées, mais très bizarres, presque lascives ; une inscription latine se lit près de l'entrée. L'escalier est large, drôlement voûté, mais partout règne la tristesse d'une maison confortable et pourtant inhabitée et du quai ombragé de platanes une large et longue pancarte blanche *A vendre ou à louer* attire l'œil du riche archéologue ou du poète moyennageux qui moyennant un faible loyer pourrait se procurer des sensations de châtelain.

A vendre ou à louer, cette défroque féodale, cette carcasse de pierre qui fut l'effroi du serf peinant au pied de ses murailles, ou geignant entre ses murs ; qui eut tout un passé de gloire.

A vendre aussi et pas cher ces ruines d'usines, ces murs rouges, tout cet étagement de constructions où grondaient récemment des machines dans l'étincellement des feux de forge ; *a vendre ou à louer* ce Colisée où le lézard est roi.

——————

Notes Historiques. — Le 16 mars 1828, Lavoulte fut attaqué par Chabreilles à la tête de huit cents hommes. Les catholiques tuèrent beaucoup d'assaillants que leurs coreligionnaires jetaient ensuite dans le Rhône.

Il fut ordonné que tous les ans, le 18 mars, on ferait une procession commémorative de la défaite des protestants.

Le 14 mai 1629, Louis XIII allant soumettre Privas coucha au château de Lavoulte dont le seigneur était un Lévis Ventadour.

En 1794, les révolutionnaires firent voler à coup de marteau les sculptures du tombeau des Ventadour.

〜〜〜〜〜〜

LA VALLÉE INFÉRIEURE DE L'ÉRIEUX

Le chemin de fer de Lavoulte ou Cheylard est un des plus curieux de la région rhodanienne, si riche cependant en voies pittoresques. Sans cesse il côtoie l'Erieux dont la vallée est si étroite qu'il a dû s'installer en corniche au-dessus du torrent, le suivant fidèlement dans ses multiples détours.

De la portière du wagon on découvre continuellement le flot clair.

tantôt retenu par des barrages et comme endormi, tantôt frémissant
entre les roches, tantôt étalé sur les graviers ; des tranchées, des
remblais, un tunnel, des détours incessants au sein d'un paysage
fruste, sauvage, mais où le soleil met tant de lumière et de netteté
de lignes, se succèdent.

Rarement la vallée s'élargit assez pour donner des horizons. Sur
les pentes, quelques terrasses de vignes et d'arbres fruitiers témoignent
de la ténacité de cette forte race cévenole, qui a su tirer parti d'un
sol condamné, semblait-il, à un perpétuel abandon. Çà et là quelques
maisons, mais aucun village n'est en vue, ils sont tous sur des parties
de montagnes moins abruptes.

A Saint-Sauveur-de-Montagut, cependant, le paysage s'humanise
un peu, des vallons s'entr'ouvrent, beaucoup de mûriers, quelques
vignobles, des arbres : noyers, pêchers, figuiers très verts et vigoureux.
Et, de nouveau, l'Erieux se creuse un lit profond, véritable abîme au
fond duquel on voit dormir l'eau transparente.

Les arbres augmentent peu à peu en nombre et en vigueur. Au
delà du curieux village des Ollières et de ses usines, la vallée est plus
large, les pentes sont plus douces et le pays tout entier devient
d'une richesse extrême.

Partout des terres plantées d'arbres et de vigne, mais d'arbres
surtout : cerisiers, abricotiers, pêchers, qui font de ce coin du Vivarais
un immense verger.

Au printemps, le sous-sol est cultivé, lui aussi : petits-pois, haricots,
fraises et autres primeurs croissent à l'abri des fleurs blanches ou
roses du verger.

Ce bassin opulent donne une idée de ce que deviendront un jour
nos vallées brûlées des Cévennes quand les eaux des torrents,
aménagées et distribuées permettront de mettre en valeur toutes les
pentes.

Saint-Fortunat est le cœur de ce riche pays ; c'est un grand et beau
bourg où les parties modernes voisinent étrangement avec un vieux
village bâti au bord d'un torrent et qui rappelle, à s'y méprendre,
certains hameaux Kabyles.

Mêmes rues étroites, mêmes maisons basses soigneusement
blanchies, avec une vigne à leur façade, des figuiers dans le jardinet
et, au bord du torrent, de grand roseaux. On se croirait bien loin d'une
vallée de l'Ardèche.

Tout ce pays est d'ailleurs superbe. La route de Vernoux, notamment,
présente une succession de sites qui mériteraient d'être célèbres.
Elle suit un des plus effroyables et en même temps un des plus

merveilleux torrents que l'on puisse voir, la Dunière, dont la gorge
s'ouvre sur l'Erieux, à quelques centaines de mètres en amont de
Saint-Fortunat.

C'est un abîme taillé à pic, dominé par des pentes décharnées
couvertes de maigres taillis de chênes verts.

Au fond de la faille étroite et vertigineuse, le torrent bondit et
écume, d'une admirable transparence, aux basses eaux, mais jaune,
furieux, effroyable pendant les crues. On le vit parfois monter en
quelques heures de dix-huit mètres. (1)

CELLE-LES-BAINS

*Celle est situé en pleine montagne, peu loin du Rhône cependant,
entre le Pouzin et Lavoulte, plus près de cette dernière ville. Nous
passons par le Pouzin et au bout de trois heures de marche en montagne,
tantôt gravissant une côte, tantôt suivant le cours ombragé d'un ruisseau,
nous arrivons à Celle.*

*Quel paysage ! Quelle imagination pour décrire l'aspect de ces lieux !
C'est un vallon, et dans un coin enfoncé de ce vallon, il y a un grand
bois, une forêt plutôt ; au milieu a été bâti l'Etablissement thermal.
Nous suivons d'abord un mur dont le crépissage disparu laisse voir les
pierres ; nous voici devant un grand portail de fer tout rouillé. Il n'y a
qu'à pousser, la grille s'ouvre en grinçant sur ses gonds, et nous sommes
dans le Parc. Des arbres centenaires — hêtres, cèdres, platanes, frênes,
sapins — tous énormes et touffus, couvrent de leur ombre une infinité de
plantes de jardins qui maintenant croissent à l'état sauvage : des roses
rouges, blanches ou thés s'épanouissent sur leur tige ; celles-là dont les
sœurs factices embaumaient les chambres de l'hôtel.*

*Au-dessus des bordures de buis, les lilas laissent pendre leurs grappes
odorantes, mais les « Lions » ne sont plus là pour en orner leur
boutonnière. Tout est morne, tout est silencieux ; nous nous dirigeons*

---

(1) Ardouin-Dumazet. VOYAGES EN FRANCE.

vers la maison que l'on entrevoit dans les arbres, foulant une allée qui fut sablée autrefois, mais que le lierre et la clématite couvrent maintenant. A mesure que nous pénétrions sous la voûte de verdure, nous sentions une mélancolie profonde nous gagner, mais c'était bien plutôt un charme du passé lointain. Nous voici sur la terrase devant la maison.

La maison ! peut-on encore lui donner ce nom ? Elle est vide, les contrevents pendent lamentablement aux fenêtres, les escaliers branlent, les tuiles brisées couvrent le sol ; c'est la désolation, c'est l'image de la mort. J'aperçois les cabines, au-dessus de la porte de certaines, il y a encore des béquilles attachées, des jambes de bois vermoulues, témoignages de reconnaissance de ceux qu'avaient guéri les eaux ; ces eaux salutaires, leur grotte est en ruine, elles forment toujours un petit ruisseau, mais nul n'en goûte plus.

Nous contemplions, silencieux, ce spectacle grandiose dans son abandon et nous songions ; où nous nous reposions, peut-être qu'autrefois les baigneurs, les élégantes baigneuses s'étaient assis. Le bruissement de la brise dans les branches, quelques pépiements d'oiseaux retraités dans ces bocages remplaçaient leurs éclats de rires, leurs conversations joyeuses. Au détour d'une allée, où jadis tout un monde s'était promené, il nous semble voir le chatoiement d'une robe de soie, mais non, ce n'est qu'un rayon de soleil qui a filtré à travers les feuilles: il n'y a plus personne ; quelques couleuvres seules traversent furtivement les chemins.

La maison est vide, affreusement vide, et l'on se sent le cœur douloureusement serré en pensant à la disparition du créateur de l'Etablissement, du docteur Barrier, à qui tant de malades ont dû la santé ou l'adoucissement de leurs souffrances...

Et puis, qui sait, peut-être qu'un jour un continuateur de cette œuvre humanitaire surgira et rendra à ces lieux déserts la vie et la prospérité d'antan !

(D'après Louis Aurenche.)

SAINT-PIERREVILLE

—

vec ses maisons rangées le
long des trois routes qui
aboutissent là, on dirait
une immense croix tombée
à mi-côte sur une colline
rayée de cultures. Un clocher vieillot sans grandeur
domine à peine les vieux
toits sur le bord desquels
des pigeons battent de
l'aile. Des toits émergent
de-ci, de-là : toits de cafés
à belles enseignes, toits
d'ateliers. Dans quelques coins de l'Ardèche des industries ont
utilisé la force motrice de nos ruisseaux et créé des usines que l'on
est surpris de rencontrer dans nos vallées sauvages.

Le bassin de l'Ardèche est semé de moulinages et de scieries.
Saint-Martin-de-Valamas a la très importante usine de bijouterie
où l'or et l'argent sont manipulés par environ deux cents ouvriers.
Saint-Pierreville possède un grand atelier de serrurerie où la force

hydraulique s'allie à l'électricité pour permettre à l'intelligent directeur toutes les installations imaginables.

***

A Saint-Pierreville la vie est calme, les rues ne s'animent guère que les jours de foire et de fête. Le dimanche, à la sortie de la messe, les toilettes modernes font tache parmi la foule des cultivateurs en vestes noires, en feutre noir aux larges bords et des paysannes en coiffe blanche.

***

Si cette bourgade n'a rien de remarquable au point de vue monuments et séduisante ordonnance des rues elle peut-être fière de ses environs et le touriste marche dans un rêve enchanté. Figurez-vous un parc de châtaigniers, de pins et de hêtres où l'on n'entend que des murmures d'eau fraîche et des chants d'oiseaux. Les routes ombragées sur toute leur longueur, suivent les méandres des rivières bornées d'aulnes et de noyers, qui de temps à autre en ce mois de septembre, laissent choir une noix verte dans l'eau noire des gours profonds et c'est à chaque tournant, un décor merveilleux dans sa monotonie douce et charmante.

***

ALBON

On y arrive par une route exquise. Le village s'allonge sur les bords de la Glueyre, enjambe la rivière à l'aide d'un vieux pont et, à voir ses maisons blanches et roses, sa route large et plane formant quai, ses cafés au tentes de toile rayée, on a l'impression d'une bourgade des pays chauds enchassée dans un écrin d'arbres verts. Il y manque cependant quelques lauriers roses et ces grandes caisses de figues écrasées que l'on a apportées de St-Sauveur ou d'Aubenas, rappellent que nous sommes près de Mézilhac.

MARCOLS

Grosse bourgade pittoresquement échelonnée sur la côte pénible de Mézilhac dans un paysage dont Vals serait jaloux. Quelques hôtels, un théâtre et deux ou trois visiteurs de marque feraient surgir une station où l'on aurait l'hydrothérapie complétée par la cure d'air Mais où sont les indispensables capitaux ?

*

Lorsqu'à la coquette cité des Ollières, on entre dans le canton de Privas on est émerveillé au souvenir de cette sauvage vallée de Saint-Pierreville à Saint-Sauveur qui ressemble beaucoup à la vallée de la Volane entre Vals et Laviolle au souvenir de cette tant jolie rivière d'Auzenne et cela donne comme un charme à la fois voluptueux et farouche au pays des châtaigniers et de Pierre Marcha.

PIERRE MARCHA

Après la prise et le rasement des châteaux de Salavas et de Vallon par le duc de Rohan, Marcha de Prat, gentilhomme des Boutières, maître des requêtes, fut nommé intendant de l'armée catholique. Marcha avait été un huguenot zélé, mais s'était converti. Le roi lui avait accordé une pension de 600 livres en 1622, pension qu'il mérita bien par ses services n'ayant aucun égard pour les huguenots, ses anciens frères, lesquels, outrés de rage et ne pouvant lui en faire sentir les effets à lui-même, s'en prirent à ses biens et notamment à son château de Prat, situé dans un délicieux vallon, près de Saint-Pierreville.

Ils lui saccagèrent et pillèrent tous ses meubles et papiers, quoique M. de Ventadour y eût conduit, pour le garder, vingt hommes, entretenus aux dépens du pays. Pierre Marcha est regardé généralement comme l'auteur des Commentaires du Soldat du Vivarais.

ROCHEMAURE

e prends une rue montueuse qui grimpe vers le vieux Rochemaure, s'engouffre sous un arceau supportant une tour à machicoulis, *ornée* dans le bas d'une belle niche blanche, qui parvient à détruire l'harmonie des teintes noires ou grises de ce village ancien. Des restes de sculptures se voient sur bien des fenêtres à croisillons. Au-dessus d'une porte d'église désaffectée ou de couvent abandonnée, car les feuilles sèches et les résidus de la rue en ont encombré le seuil, se voit un bas-relief d'une exécution gauche et grossière, deux prêtres officiant autour d'un crucifix rayonnant, le tout, façade et bas-relief dûment *restauré* par un de ces artistes que M. d'Entrevaux appelle les *Chevaliers du Badigeon*.

Plus loin, un beau portail à plein cintre et surmonté d'armes éraflées et méconnaissables conduit dans un labyrinthe de maisons démolies et d'escaliers peu sûrs. Dominant tout cela, des ruines

coiffent un noir rocher de basalte. Un étroit chemin y conduit.
L'esparcet et la ronce ont envahi le sol jonché de démolitions. A
travers de grosses brèches semblables à des lucarnes, le vent se
lamente, rugit et rend périlleux certains passages. Les inévitables
inscriptions se lisent sur les pans de murs. Il en est même qui très
haut placées ont dû être tracées par quelque amoureux désireux de
montrer son adresse et son sang-froid à sa compagne, châtelaine
provisoire qui, le col en l'air, devait suivre anxieusement les péripéties
de la descente, car il faut être amoureux ou fou pour tenter cette
escalade.

La vieille église abandonnée est selon la mode ancienne, au milieu
d'un vieux cimetière en pente rapide encombré de cailloux roulants.
Parmi des croix et des bouquets renversés, des tombes destinées à
orner le nouveau champ de repos, des poules picorent silencieusement.

Le portail de cette église montre une fresque d'un art rudimentaire
et le clocher ajouré deux figures assez expressives encastrées dans la
maçonnerie et dont l'une porte la date : 1500.

e³e

Le faîte de la colline est comme au Teil coiffé d'un castel en ruine
d'un effet plus imposant encore. Les moëllons noirs se confondent
avec le basalte cristallisé sur lequel ils sont solidement empilés. Des
tourelles hautaines et ébréchées avec leurs angles en calcaire taillé
se dressent sombres, prestigieuses et donnent la plus parfaite image
des burgs rhénans. Elles eussent tenté le crayon diaboliquement
romantique d'Hugo et d'Adeline.

Du haut des remparts, du côté du Chenavari, le regard plonge
dans un ravin dont les flancs basaltiques descendent vertigineusement

vers un ruisselet dont les claires flaques dorment dans leur gaîne de rochers noirs.

Du côté du Rhône, on ne voit que maisons grises pour la plupart abandonnées, dépourvues de toits et l'on ne peut s'empêcher de trouver à ce paysage une certaine ressemblance avec les vues de Touggourt et des villages sahariens que l'image a popularisées.

Le long du fleuve, l'église nouvelle, les écoles, la gare jettent la modernité de leurs toits rouges dans ce bourg féodal emprisonné entre ses remparts crénelés et qui grimpe vers le château noir encore imposant dans sa déchéance.

***

Notes Historiques. — Le château de Rochemaure était un des plus puissants de la vallée du Rhône. Les dimensions colossales de ses ruines l'attestent. Ses maîtres étaient les Adhémar et les Rohan-Soubise. D'après les *Commentaires*, le château repoussa en 1621 les attaques des protestants commandés par de Blaccons.

Cette forteresse fut démolie en un jour par Louis XIII.

SAINT-VINCENT-DE-BARRÈS

Dans la vallée du Barrès, un kilomètre après avoir laissé à gauche, le chemin qui, tout le long du Lavaizon grimpe vers Berzème, la route se sépare à nouveau en deux branchements, l'un qui par le Rieutord file directement vers Privas et l'autre qui, moins pressé, s'y rend également par Saint-Lager et Chomérac, après avoir fait l'école buissonnière dans l'infinité de ravins marneux qu'il lui faut franchir pour arriver à la plaine de Saint-Vincent-de-Barrès. .

Le premier, macadamisé en basalte, semble, vu du col du Geai. à un trait d'encre de chine, capricieusement tracé au pistolet sur le pâle vélin des maïs, tandis que le second, moins fréquenté, simplement cylindré en gravier calcaire, déroule son ruban crayeux à travers les grasses prairies et les violettes luzernières, après avoir frôlé le mamelon qui supporte le village.

Cette petite éminence avance en promontoire sur le lac de verdure où ondulent en frileuses vagues, entre les bordures de mûriers touffus, les trèfles roses des regains. Vers l'Ouest et le Midi, se dressent les monts d'Andance, du grand Barry et de Bergwise. ces sentinelles avancées du Coyron. Au Nord, seulement, la vue prend son essor vers la vallée du Rhône et se repose délicieusement sur la coulée d'azur que forme le fleuve, tout en amont du Pouzin. Coiffant parfaitement son petit monticule, Saint-Vincent-de-Barrès dresse orgueilleusement vers le ciel sa ceinture de tourelles moyen-âgeuses. Par une brèche faite dans les fortifications pour donner accès à un sentier de raccourci, l'on aperçoit le chemin de ronde qui s'enfonce en courbe comme un tunnel qu'éclairent lugubrement les lanternes sourdes des meurtrières.

Le village n'est facilement accessible que par l'étroite langue de terre de quatre cents mètres de longueur qui, vers le château du Chevalier — ainsi nommé du titre de son ancien seigneur, le chevalier du Solier — relie ce rustique *mont Saint-Michel* au massif calcaire étendant de Meysse à Baix sa blanche croupe que parfument les lavandes.

L'unique porte est tournée vers le Midi ce qui lui permet. avec ses hautes murailles, de former un cagnard ensoleillée où les vieux viennent causer d'autrefois. Elle donne accès à une place rectangulaire en un coin de laquelle est relégué le vieux château transformé en école et tout vibrant des cris de la marmaille affairée.

Exactement au milieu, sur le point culminant, une modeste église dresse son rudimentaire clocher fait d'un pan de mur que fait osciller la mise en branle du bourdon.

Tout est simple et exigü en ce pittoresque village et cependant rien de moins banal que les charretées de foin blotties sous les tourelles des remparts tenant lieu de greniers et les tridents des faneurs qui, par les lucarnes, viennent happer l'herbe odorante sur les brancards, ont vraiment l'air d'authentiques hallebardes.

Dans la plaine, de plantureuses fermes ombragées par des bouquets de noyers, chantent l'aisance des habitants. Sur la pente des collines environnantes, dans les vignobles que l'Automne teinte de roux, les joyeux vendangeurs effarouchent les pochardes grives.

Vers le frais ravin de Counis dont la claire fontaine alimente le village, le château du Chevalier, pique au milieu d'un bosquet de sapins la pointe effilée de son toit ardoisé.

Sous la ramure de son parc dévalant vers la route, une source gazouille de cascades en jets d'eau, tandis qu'au revers des talus — mirifiques tapis de rêve — minaudent coquettement, telles des princesses, de contes de fées, les multicolores roses secouant sur les promeneurs leurs cassolettes de parfums et tendant vers eux leurs pétales veloutés pareils à d'attirantes lèvres de femme.

D'après ANDRÉ MAZ.

* *

Notes Historiques. — En octobre 1621, les régiments qui venaient de prendre Vallon reçurent l'ordre de se rendre à Montauban et M. de Montréal passa par Chomérac afin de prendre deux canons qu'il y avait laissé lors du rasement du château de Privas. Quinze cents protestants attaquèrent l'armée de Montréal à Saint-Vincent-de-Barrès.

On juge, et il est certain que ce fut là une des plus grandes escopetteries qu'il y eut en Languedoc sans que la perte se soit trouvée de plus de cent hommes morts ou blessés des deux cotés.

CRUAS

Petit centre industriel très vivant, grâce à ses nombreuses usines à chaux, toutes plus prospères les unes que les autres, Cruas prend de l'importance chaque jour et a, ces temps derniers, gagné bien au-delà de ce que Meysse a perdu.

Bâti sur la route nationale au pied de la montagne d'où l'on extrait le calcaire, à deux pas de la gare et à l'entrée du vallon où fument une partie de ses usines, avec par devant la large étendue de sa fertile plaine que, pareil au Nil, le Rhône assez périodiquement vient engraisser de son limon, Cruas jouit d'une situation exceptionnelle et l'on voit d'après sa kyrielle de modernes habitations processionnant des deux côtés de la route, comparée à l'ancien village encore entièrement debout que ce pays n'a jamais périclité.

Le vieux Cruas, campé sans prétention presque au bas de la montagne, juste assez haut pour que les crues du fleuve le laissent dormir en paix, forme une enceinte carrée de moins d'un hectare de superficie dont presque la moitié est accaparée par le château et sa cour.

Ce château, quoique sans toiture, a été habité jusqu'en ces dernières années. Dans les vastes salles aux voûtes ogivales du rez-de-chaussée, improvisées en cuisines, l'on voit la trace récente de la fumée sortant

ROCHEMAURE

par les meurtrières tenant lieu de cheminées. Certaines de ces voûtes conservent encore des décorations naïves dans le genre de celles qui enluminent les vieux missels.

Par un escalier vermoulu l'on monte au premier où brillent au plafond, par des brèches sans nombre, des lambeaux de ciel bleu.

Dans la cour, le poète qui se promènerait les yeux en l'air, se laisserait sûrement tomber dans une des galeries souterraines au fond desquelles, par les éboulis, le soleil fait luire les parois vernissés d'ostéocolles.

Malgré le peu d'importance de cette forteresse, peut-être même à cause de cela, l'on voit très bien aux murs roussis par la poix brûlante versée du haut des machicoulis, que ce château a subi de forcenés assauts.

Sa vaste chapelle délabrée sert de refuge aux oiseaux de proie et, à travers la nef, par la porte béante et le chœur éventré, les ouvriers des carrières, en partie logés dans les vieilles dépendances, se sont fait un passage pour se rendre directement à leur travail, ce pendant que les faucons perchés sur les grimaçantes gargouilles les regardent sournoisement lever la tête vers leur palais inaccessible.

D'après ANDRÉ MAZ.

.*.

Notes Historiques. — Le monastère de Cruas, existait sous Louis le Débonnaire. Les moines n'étaient tenus qu'à dire des prières pour l'Empereur, pour sa famille et les besoins de l'Etat.

L'Empereur prit ce monastère sous sa protection spéciale.

En 1628, Cruas fut investi par le duc de Rohan et bombardé par deux canons, pendant six jours. La garnison résista jusqu'à l'arrivée de quatre régiments catholiques qui remontaient le Rhône. Rohan qui avait perdu cinquante hommes, leva le siège et dirigea ses canons sur Privas.

VILLENEUVE-DE-BERG

Du château de Lacoste, ce castel blanc qui chevauche un petit col garni d'herbe rase, Villeneuve s'étale tout près, sur sa colline avec son clocher sans grâce, mais, glorieux, car ses meurtrières vomirent plus d'une arquebusade au temps troublé des guerres religieuses. A l'entrée du bourg, Olivier de Serres, colossal, tête nue, une main au menton dans une attitude de chercheur, se dresse superbement sur une petite place d'où la vue embrasse toute l'Ardèche occidentale et se profile sur la muraille bleuâtre des Cévennes et du Tanargue. La tête se dresse en plein ciel ; peu de statues donnent cette impression de grandeur, car généralement on les place dans des jardins publics, sans horizon. Ici, Olivier de Serres paraît gigantesque et comme dans un apothéose quand le soleil, à son déclin, vient mettre une auréole sur le bronze verdâtre du monument. Ah ! la bonne tête de paysan lettré, de paysan vivarois ! Il semble que quelqu'un du pays ait posé devant le statuaire, tant la figure nous est familière.

La rue principale de Villeneuve part de la statue et descend légèrement jusqu'aux Écoles dont les toits rouges éclatent sur la teinte grise des environs. Ce ne sont que magasins, boutiques et cafés. Cette rue vous donne l'impression d'une bourgade animée, amoureuse de fêtes et de luxe, en souvenir sans doute de la souveraineté qu'elle exerça sur le pays environnant. Vers le milieu de la rue, se voit la maison qu'Olivier habitait à Villeneuve. La façade en a été crépie mais on a heureusement laissé intacte la statue de la vierge que le seigneur du Pradel y fit placer. Sur la place en face de la halle, une pyramide s'élève en l'honneur du père de l'Agriculture française, pyramide qu'Ovide de Valgorge trouvait d'un goût déplorable.

Villeneuve est une des rares villes dont l'aspect d'autrefois puisse être reconstitué. Les murs d'enceinte s'aperçoivent facilement avec les tours d'angle, une porte de la ville existe encore. Tout autour de ce quadrilatère de maisons enfermées entre les murs hautains et solides, des rues entières se sont bâties et par l'industrie de leurs habitants cherchent à donner à Villeneuve l'importance que cette cité tant de fois assiégée eut jadis dans l'histoire.

LE PRADEL

Le Pradel apparaît blanc, calme, solitaire au bout d'une légère dépression émaillée de narcisses et de boutons d'or, au fond de laquelle un ruisselet coule sans bruit à travers les joncs. La vaste prairie, la Prade comme, on dit en Vivarais, est entourée de chênes centenaires et décharnés à l'ombre desquels font la sieste un troupeau de moutons et des vaches. Des sentiers à peine tracés vont de ci de là, descendent vers le ruisseau, serpentent sous les arbres et j'imagine qu'Olivier, tout passionné d'agriculture qu'il fût, devait parfois se rappeler Virgile et entendre chanter en sa tête des vers qui ne furent jamais écrits.

VILLENEUVE-DE-BERG (Statue d'Olivier de Serres)-
LE PRADEL (Maison natale d'Olivier de Serres)

Tout autour du Pradel, des prés, des champs de blé, des étendues
de vignes coupées par la ligne de Vogüé au Teil avec son ruban vert
tendre de jeunes acacias.

* * *

Notes historiques. — Avant la fin du XIIIe siècle, il

n'existait sur l'emplacement occupé aujourd'hui par Villeneuve-de-
Berg, qu'un petit fort flanqué de quatre tours et sis au milieu des
bois, dans lequel ies religieux Bernardins se retiraient, lorsqu'ils
étaient inquiétés par leurs voisins. Ils possédaient encore un
domaine à une lieue de la ville, appelé Berg (montagne). Ces
moines proposèrent à Saint-Louis de fonder une ville joignant leur
fort, d'y établir une juridiction royale et de partager les droits et
revenus de la seigneurie et de la justice.

Saint-Louis qui avait éprouvé combien les baillages royaux
accoutumaient les peuples à reconnaître la puissance souveraine
adopta cet utile projet, mais son exécution fut réservée à Philippe le
Hardi qui envoya sur les lieux Guérin d'Amplepuits, sénéchal de
Nimes et Beaucaire pour traiter définitivement avec Falcon, abbé de
Mazan.

Le sénéchal Garin d'Amplepuys et Guérin, abbé de Mazan, fondèrent
Villeneuve-de-Berg. (Berg, mot celtique signifiant montagne, point
culminant) autrefois appelé *el Périer de Bia*. Ils en jetèrent les
fondements le 14 novembre 1284 en y érigeant deux pierres.

Dans la suite Villeneuve devint le siège d'une viguerie royale, d'un
baillage et d'une maîtrise des eaux et forêts.

Le 29 avril 1620, trois mille catholiques se préparaient à aller
secourir le château de Privas, mais sept à huit cents protestants s'étant
réunis à Villeneuve, un combat eut lieu entre cette localité et Saint-
Jean-le-Centenier. Une trentaine de protestants furent tués et les
autres reprirent le chemin des Boutières. Le 5 mars 1621, cette ville
située sur le grand chemin du Bas-Languedoc et des Cévennes à
Privas et aux Boutières, coupait le commerce pour les catholiques,
l'ouvrant aux protestants de l'Auvergne, du Gévaudan, du Velay, du
Vivarais et du Rhône. Avec les droits mis sur sel et autres marchan-

dises dont trois ou quatre provinces ne pouvaient se passer, Villeneuve pouvait entretenir une garnison.

Cinq régiments attaquèrent la ville. Se voyant perdus, les assiégés demandèrent la permission à Montréal de députer vers Montmorency, établi à Saint-Jean, pour savoir quelle obéissance on demandait d'eux. Cette manœuvre avait pour but de savoir s'il était arrivé deux gros canons dont ils étaient menacés.

Les habitants de Villeneuve ouvrirent donc leurs portes et Chabreilles commandant de la place ainsi que beaucoup d'autres s'en allèrent à à Privas.

Claude Henrys, magistrat, célébra cette victoire dans un poème intitulé : L'*Hercule gaulois* et présenté par Louis XIII lors de son entrée à Lyon, en 1622.

En 1628, quatre mille catholiques attaquèrent la maison de Daniel de Serres avec deux canons venus du Bourg-Saint-Andéol. Le sieur du Pradel y était dedans avec trente soldats qui firent bonne contenance. Cette maison était fortifiée de hautes murailles hors de la portée des échelles, de bonnes guérites, d'une bonne porte et d'un fossé rempli d'eau. Après quatre jours de siège, le Pradel fut démoli jusqu'aux fondements et ses arbres furent coupés avec moins de peine et de temps que l'auteur du théâtre de l'agriculture n'en avait mis pour les élever.

En 1670, cinquante hommes donnés par Roure comme escorte au comte de Vogüé furent attaqués par une compagnie de dragons et mis en pièces. C'est à Villeneuve que Roure devait être exécuté.

———

FIGURES ARDÉCHOISES

———

OLIVIER DE SERRES, *né à Villeneuve-de-Berg en 1539, mort en 1629, surnommé le Columelle français est considéré comme le Père de l'agriculture française. Son Théâtre d'Agriculture a eu vingt éditions. en soixante-quinze ans.*

Sur les ordres d'Henri IV, le jardin des Tuileries fut planté en mûriers, tirés des pépinières du Pradel.

JEAN DE SERRES, son frère, est l'auteur de plusieurs ouvrages historiques et religieux.

COURT DE GÉBELIN, auteur du Monde primitif comparé.

L'ABBÉ BARRUEL, aumônier de la princesse de Conti, et rédacteur du Journal Ecclésiastique *de 1787 à 1792 ; est l'auteur du* Pape et de ses droits, *livre qui servit de base au Concordat, des* Helviennes, *des* Mémoires pour servir à l'histoire du Jacobinisme.

LABOISSIÈRE conseiller à la cour royale de Nîmes a joint de nombreuses notes aux Commentaires *de Pierre Marcha.*

OLIVIER DE SERRES

Privas, ce 26 fructidor, an 8

Le Préfet du département de l'Ardèche aux Rédacteurs de la Décade philosophique et littéraire.

« *Depuis longtemps, citoyens, on se plaint que le mérite modeste est ignoré, et que les hommes les plus utiles à leur pays y sont souvent inconnus. Le sort d'Olivier de Serres confirme cette vérité. A peine son nom était-il connu à Villeneuve-de-Berg, sa patrie, où l'on voit encore sa maison ; et il a fallu qu'Arthur Young y vînt du fond de l'Angleterre, pour apprendre aux habitants de cette commune l'étendue de la réputation de leur compatriote, dont il fait un si grand éloge dont son* Voyage en France. *L'histoire d'Olivier de Serres étant presque inconnue, le citoyen La Boissière, ancien avocat-général au ci-devant Parlement de Grenoble et compatriote de cet auteur, a bien voulu rechercher dans les écrivains du temps, ce qui pourrait y être relatif : il m'a communiqué une notice que je vous fais passer, avec invitation de la publier dans votre journal qui, depuis sa création, a fourni tant d'articles curieux ou utiles.*

Sans doute, le Gouvernement, juste appréciateur du vrai mérite, s'empressera d'ériger à la mémoire d'Olivier de Serres, (et l'auteur de la notice suivante en forme le vœu) un monument qui atteste la reconnaissance nationale.

> *Salut,*

> *Charles CAFARELLI.* »

Olivier de Serres, fils de Jean Serres, sieur du Pradel, et de Louise Leyris, naquit en Vivarais vers l'an 1539.

Au chapitre 1er, livre III de son *Théâtre d'Agriculture*, il appelle Villeneuve-de-Berg sa patrie ; au chapitre XXVI du livre VI il donne ce nom au Bourg-Saint-Andéol. Les probabilités se réunissent en faveur de Villeneuve-de-Berg, que l'on peut assurer que s'il possédait quelques biens au Bourg-Saint-Andéol, Villeneuve était le lieu de sa naissance.

1° Sa maison était encastrée dans le compoix de cette ville, fait en 1579.

2° Il cultivait le fief du Pradel qui n'en est éloigné que d'une demi-lieue.

3° Sa femme, Marguerite d'Arcons, en était originaire ; et sa famille existe encore.

4° Son fils, Daniel du Pradel, y exerçait en 1611 la profession d'avocat.

Ce vrai Columelle français, bien supérieur à celui de la République romaine, dit l'abbé Rozier (1) traça d'une main savante les préceptes de l'Agriculture, pendant les horreurs de la plus désastreuse guerre civile : c'est le seul de nos écrivains agronomes, qui ait été véritablement praticien, je dois cet hommage à mon maître.

Cet élan d'un disciple aussi distingué, les soins que se donna, en 1789, le premier agriculteur de son siècle, l'Anglais Arthur Young, pour découvrir la patrie d'Olivier de Serres, (2) la joie que lui causa cette découverte, la génuflexion dont son enthousiasme salua la terre

---

(1) Lettre de Rozier à M. La Boissière, Lyon.

(2) Voyage d'Arthur Young en France.

« classique » du Pradel, la confiance d'Henri IV, les éditions multi-
pliées dans toutes les langues, de son ouvrage, l'estime dont il jouit
plus en Europe qu'en France, plus en France que dans sa « patrie »
le témoignage de deux siècles enfin me dispense d'ajouter un éloge à
tant d'éloges.

Parmi les grandes améliorations dont son génie bienfaisant enrichit
l'agriculture, on compte particulièrement la culture du meurier et
l'éducation des vers à soie.

Quelques Français avaient rapporté de la conquête de Naples, l'affec-
tion de pourvoir leurs maisons de telles commodités, ils se procurè-
rent du plant de meurier, qu'ils logèrent en Provence et à Alan en
Dauphiné ; mais il paraît que cette précieuse culture n'avait pas fait
les progrès que la France devait en attendre.

Olivier de Serres, à la voix de Henri IV, éveilla l'émulation de ses
compatriotes en publiant, en 1599, l'Art de la cueillette de la Soie.

Un an après, invité par une lettre que le Roi, allant en Savoie, lui
envoya par le baron de Colonces, il y apporta tant de diligence qu'il
fut conduit à Paris jusqu'à 15 ou 20.000 plants de meuriers qui furent
plantés dans les jardins des Tuileries. En 1602 des lettres-patentes
ordonnaient la fourniture de tels plants dans les quatres généralités
de Paris, Tours, Orléans et Lyon, de façon qu'il ne faut pas douter
que dans peu de temps, par la continuation de ces beaux commence-
ments, la France ne se voie rédimée de la valeur de plus de quatre
millions d'or que tous les ans il en fallait sortir. Voilà le commencement de l'introduction de la soie au cœur de la France.

Voilà les bienfaits de l'auteur du *Théâtre de l'Agriculture*. On lui
doit encore l'invention de faire teiller et rouir les gaules sèches du
meurier pour en extraire du fil.

Ses préceptes éprouvés par la pratique constante qu'il en fit et par
celle que les agriculteurs en font chaque jour, ont déterminé les
écrivains encyclopédistes à prononcer que le *Théâtre d'Agriculture*
qu'Olivier de Serres présenta au Roi en 1600, est encore le meilleur
livre et le plus complet qu'on ait fait sur ce sujet depuis qu'il a paru.

Indépendamment de ce mérite qui sera toujours réel, les amateurs
de l'ancienne littérature peuvent toujours admirer la noble simplicité
de son style, son érudition, l'élévation de ses pensées, et cette douce
philosophie qui sépare l'homme vertueux des agitations du monde,
pour l'attacher à la contemplation de la nature et à la recherche de
ses vrais trésors.

C'est dans ce sens que le sévère Scaliger disait : « *Agriculture* d'Olivier de Serres est fort belle ; elle est dédiée au Roi, lequel quatre mois durant, se la faisait apporter après diner, après qu'on la lui eut présentée.

LA BOISSIÈRE. »

———

VOGUÉ

A travers les arches du viaduc barrant l'étroit défilé au fond duquel l'Ardèche coule paresseusement, Vogüé apparaît au ras de l'eau avec ses maisons rougeâtres, jaunâtres, salies par la terrible inondation de 1890. Près de ce viaduc une maison éventrée par les eaux laisse voir toute sa disposition intérieure, des brèches, des pans de murs, des chambres crépies, et, sur une corniche courant à vingt mètres au-dessus de la rivière, une fortification en pierre de taille avec sa porte cintrée semble narguer les flots boueux que roule aujourd'hui l'Ardèche.

Après les pluies récentes de cet octobre diluvien, l'eau sort de partout. Les roches qui débouchent au bord de la route menant au bourg servent de débouché à quelque rivière souterraine, étalent leur nappe mystérieuse sous des voûtes noires. Le vieux moulin en pleine Ardèche, relié au quai par une passerelle, est là, affaissé, avec ses murs démolis, sa porte ensablée. Plus de passerelle et les trois marches usées par tant de pas donnent cette impression sinistre de quelque chose menant au vide, au précipice, à la mort. Ah ! la curieuse petite bourgade, avec son magnifique château flanqué de tours imposantes du bout d'une allée de marronniers vétustes. Les ruelles qui, du quai, montent vers le château des de Vogüé, forment le plus bizarre labyrinthe que l'on puisse imaginer. Des ruelles servent de

ruisseaux qu'il ne doit pas faire bon traverser en temps d'orage ; ici
des maisons à croisillons ; là, d'autres avec balcons de bois pourri
dont les planches se détachent et viennent s'abattre sur le pavé avec
le bruit de champignons trop faits. Et tout cela bien à l'abri, bien
tassé, bien resserré, entre une colline circulaire et l'Ardèche qui vient
battre la base des puits, semblables à des forteresses.

22 Novembre 1896.

●

─────────

MIRABEL

Planant au-dessus des vallées de la Cladueygue et du Lauzon, qui
se rejoignent à Saint-Germain, et dominant la partie du bassin de
l'Ardèche ayant pour centre Aubenas, Aubenas qu'il incendie le soir
de l'éclat de ses vitres, Mirabel semble être la tour sud-ouest de ce
fantastique château-fort qu'est le massif du Coiron et qui, de ce point,
remonte à angle droit vers l'Escrinet.

Le village, bâti sous la falaise qui sert de toiture à pas mal de ses
maisons, lesquelles, en retour, la soutiennent de leurs parois arcboutées;
le village jouit d'une admirable coup d'œil. A ses pieds, dévalant en
pente rapide vers les rivières, tout son terroir est là en évidence, bien
cultivé et bien gardé. Entre les sillons de vigne, les seigles blondissants
ondulent au zéphir. Plus bas, le château du Pradel, berceau de la
sériciculture, paraît; sous ses mûriers géants plantés par Olivier de
Serre et entouré de ses vignobles luxuriants, être une ferme-école.
mais est sans contredit une ferme modèle de notre Bas-Vivarais.

L'énorme tour de Mirabel dressée sur la haute falaise et écrasant
le village de cette double hauteur ne pouvait être mieux placée pour

y loger les guetteurs chargés de transmettre les signaux aériens et l'approche de l'ennemi. Elle est, en effet, visible d'un bon tiers du département et, de son faîte, l'étendue de terrain qui va des montagnes de Vals au vieux castel de Banne, en rasant, d'un côté le Tanargue et de l'autre le mont Sampzon, ressemble à une vaste plaine aux cent villages et la multitude de collines qui s'y entrecroisent et s'y chevauchent n'ont, vues de ce phare, pas plus de relief que les rides d'un lac endormi.

En se retournant vers le Nord la vue est plus bornée, mais le spectacle est magnifiquement beau, inoubliable. Au-dessus de chacune des ramifications du plateau, falaises exactement nivelées où durent, pendant des milliers d'ans, se briser les remous d'une mer d'encre — s'élèvent une infinité de monticules, cônes renflés sur lesquels ruisselle l'air flamboyant des genêts : coupoles rutilantes d'un Kremlin féériquement embrasé pour les cérémonies imposantes de quelque impérial couronnement.

(D'après André Maz.)

Notes Historiques.

— En 1626, un paysan de Mirabel du nom d'Arnoux avait été chassé de son village et avait formé le dessein de s'emparer de Mirabel avec un charpentier d'Aubenas nommé Ambroise. A la tête de cent vingt hommes il attaquèrent le château construit sur un rocher où pouvaient tenir quatre mille hommes en bataillon. A la faveur de la nuit ils se rendirent maîtres de la place, mais au moment de tuer le corps de garde, Ambroise ne reconnaissant plus Arnoux lui crie : « Qui vive ! » L'autre en fit autant. Comme ils n'avaient pas de mot de passe ils se disputèrent et finalement Ambroise tua Arnoux d'un coup de pistolet qui réveilla les gens du château. Les catholiques, perdant la tête, s'enfuirent ou furent précipités du haut du rocher, s'empalant sur une palissade qui se trouvait au bas.

.

En 1628, Mirabel était un village d'environ cent cinquante maisons dominant tout le pays et protestant. Lorsqu'on voulait faire comprendre quelque chose à sept ou huit lieues, on le faisait la nuit au moyen de signes. Les deux châteaux sur le rocher, le rocher sur le village, le village sur une montagne en faisaient une place redoutable.

Quatre canons furent montés de Saint-Jean-le-Centenier par des chemins que les assiégés jugeaient impraticables. Après un tir de quatre jours, les catholiques s'élancèrent dans Mirabel à travers une brèche et les protestants allumèrent un feu énorme sur le rocher afin d'arrêter l'ennemi, qui se logea selon son bon plaisir. La ville fut prise par force et le château par composition, vie sauve, armes et bagages. Les protestants disputaient une maison après l'autre. Mirabel eut le sort de Chomérac.

Le duc de Montmorency donna la vie à trois cents hommes et jamais il n'eut plus de peine à faire observer une capitulation que celle-là et à retenir ses soldats qui croyaient que ces misérables seraient immolés à leur rage ou à la rigueur de la justice. Huit drapeaux pris sur l'ennemi furent envoyés à Louis XIII, faisant alors le siège de La Rochelle.

⁂

BATAILLE DE LAVILLEDIEU. — En 1628, l'armée de Rohan, se composant de 5 à 6.000 hommes fut défaite par l'armée catholique forte d'environ 2.000 hommes. Les protestants perdirent une centaine d'hommes et les catholiques une cinquantaine. Le combat dura de six heures du matin à midi. Il fut si fort en escopetterie, dit Pierre Marcha, qu'il s'y brûla plus de huit quintaux de poudre et que, sur la fin, on en vint aux piques, aux pierres et aux épées. Le duc de Rohan put passer l'Ardèche à Salavas et retourner à Nimes.

EN COIRON

LE LONG DES ROUTES

trois kilomètres d'Aubenas, la route de Lussas zigzague au flanc d'un talus du Coiron, essoufflant les chevaux, exaspérant les charretiers. Tout près, au bas d'un rocher calcaire, naît un gros ruisseau qui s'écoule vers l'Ardèche après un cours de deux cents mètres à peine. Parmi l'herbe coupante, la ronce et le lierre tapissant le fond de la gorge, quelques jeunes chênes inclinent leur cime sous le vent froisseur de feuilles. Après l'escalade des blocs couverts de mousse noire et filandreuse, on arrive à l'orifice qui laisse passer la nappe d'eau, en temps de grandes pluies. Un couloir dans lequel pourrait à grand'peine se glisser un homme, s'enfonce obliquement vers quelque réservoir immense et mystérieux.

.

LE PLATEAU D'EYRIAC :

Les rochers de Jastres, dont le pied trempe dans l'Ardèche, en face d'Aubenas, soutiennent ce plateau vaguement incliné vers Saint-Laurent et Mirabel. ces deux noires citadelles coironnaises. Parmi les chênes, des rochers blancs et comme rongés par un fleuve aux mille bras, se dressent, bizarrement creusés et en des poses, singulières. Les uns, fièrement campés, semblent surveiller la plaine — tels des menhirs bretons — ; les autres inclinés vers les petits coins de terre que le paysan besogneux a conquis sur les pierres, chuchotent, se concertent comme pour un rendez-vous de sabbat ou de cérémonie druidique.

Car tout, ici, rappelle la lande bretonne, et cet étrange nom d'Eyriac n'a-t-il pas une résonnante celtique ? A l'horizon, vers l'Escrinet, la montagne de Louïre où se trouvent réunis quelques tombeaux gaulois, apparaît coiffée de quelques arbres que l'on prendrait volontiers d'ici pour des Celtes rassemblés à l'occasion des funérailles d'un des leurs.

***

LUSSAS

Jolie bourgade moderne à la croisière de plusieurs routes, dans des champs de vigne et de maïs.

Le 29 mars 1628, le duc de Rohan campa à Lussas, à Eyriac et brûla ces villages lors de son départ pour Mirabel.

***

SAINT-LAURENT-SOUS-COIRON

Quelques maisons nouvellement crépies et d'autres bien noires avec leurs fenêtres encadrées de blanc. Toutes ces habitations sont comprises entre de sombres ruines féodales et la falaise plus sombre encore. Le cimetière est aussi sur cette falaise qui vous hante sur tout le pourtour du plateau et les tombes ont l'air, de loin, de blanches communiantes. Au bas, de la verdure et des clos veufs de leurs seigles, dégringolent posément vers Lussas, rudement contenus et incessamment rognés par une large crevasse aux entrailles grises.

*
* *

DARBRES

Il expose ses maisons noirâtres en un pittoresque désordre au confluent de deux ruisseaux glissant sur un lit de roche blanchâtre, dans les prés aux regains verts. Des ouvertures de fenils béent, telles des gueules noires. C'est riant, paisible, mélancolique si l'on veut, avec çà et là quelques toits rouges émergeant, juste de quoi montrer que le *progrès* a conquis ce pays.

Malgré cela, on entend toujours les sonnailles rustiques, des chants de pâtres dans le lointain des deux vallées et aussi le murmure de l'eau coulant dans sa vasque aux petits gours bizarres.

Remarqué dans la petite église récemment badigeonnée, au milieu des ordinaires saints et saintes en marbre peint, un beau *Christ en croix*, dont les chairs jaunâtres éclatent sur le fond noir du tableau et la chevelure noire de Magdeleine. C'est peint à la Henner, et c'est d'un grand charme. Seulement cette toile est placée derrière l'autel, qui la masque de façon complète.

⁎

VALLÉE DE L'AUZON

Un paysage désert, sans arbres, sans prairies, avec sur les pentes des rares fermes flanquées des meules de pailles que l'on rencontre dans tout le Coiron. Au fond de la vallée, l'Auzon sautille de roche en roche, se précipite du haut des murs basaltiques, dans des gouffres entourés de roches rouges, puis coule souterrainement et reparaît à la base des grandes coulées qu'il ébrèche avec les blocs roulés en temps d'orage.

De temps à autre, dans cette paix de chartreuse, un épervier passe, un maigre cheval au pâturage secoue son entrave de fer, un berger encapuchonné dans un sac de toile brune chante mélancoliquement sous la bise qui soudain s'est levée.

⁎

FREYSSENET

Après avoir franchi une gorge étroite, le village apparaît dans l'intérieur d'un de ces vastes cirques peu profonds si fréquents sur le plateau et qui furent, dit-on, les cratères d'énormes volcans. Une douzaine de maisons, disséminées sur le flanc d'une ondulation légère et dominées par une vierge de belle stature. La vue se repose délicieusement : bois de jeunes pins, vastes prairies dans lesquelles s'esbaudissent des poulains libres. Un troupeau de moutons quitte la route, s'égaille parmi l'herbe rase et descend vers l'Auzon qui, paresseusement, se traîne dans les flaques bordées d'ajoncs. Près des maisons, une meule de paille recouverte d'une bâche verte, ressemble à une patache arrêtée au seuil d'une auberge.

Soudain, changement de décor. Le soleil s'est éclipsé. Poussé par le vent, la *nèble* (1) se traîne, s'effiloche à travers les pins, s'effrange et pend du ciel comme une draperie de laine grise. Ici, la tourmente et là-bas, sur le Rhône, le ciel serein étale ses bandes bleues teintées de vert véronèse.

***

TAVERNE

La route de Berzème suit l'arête du plateau et, de chaque côté, les cirques verts s'étalent toujours semblables avec leurs fermes noirâtres, à l'abri d'une rangée de frênes. Toujours les mêmes champs, les mêmes prés, les mêmes jardins potagers entourés de buis, les mêmes abois de chiens, dans le brouillard. Et toutes ces choses, qui vous accompagnent partout, donnent au Coiron une physionomie spéciale pleine d'un charme qui vous trouble et bat dans votre âme le rappel de nostalgiques souvenirs.

Une pie traverse la route, faisant lever un vol d'alouettes surprise par le mauvais temps.

Derrière un tournant, Taverne surgit avec sa bordure d'arbres. Un café, avec son balcon de fer garni de quelques pots de fleurs, détonne au milieu de ces masures pittoresques aux portes sombres.

***

---

(1) Brouillard.

HALTE DANS LA FERME

Près de Berzème, « cette capitale où bifurquent toutes les routes du Coiron » court séjour dans une *borie* (1) adossée au revers d'un monticule, à la source du ruisseau poissonneux qui s'écoule vers Saint-Pons. Une centaine d'hectares coupés par des bordures de buis, de sureau, d'aubépine et de clématite. Après la pluie, toute cette broussaille ruisselle quand une bouffée de bise piquante passe sous le soleil levant. Voici que tout s'éveille dans la maison : bœufs de labour, vaches laitières, veaux, chevaux, moutons, porcs et dindons, tout s'éparpille dans les prés voisins.

Et l'on pense que par les chaudes journées d'août, il ferait bon s'étendre à l'ombre des haies avec un livre et des revues en fumant une bonne cigarette. La vie de ces Coironnais serait enviable, car le travail n'est pas dur comme dans les rochers du Vivarais : la charrue, la charrette et le tombereau vont partout dans les terres. Mais les fermages déjà élevés sont augmentés de temps à autre, par des propriétaires qui, en général, ont peur de voir leurs fermiers s'enrichir.

***

VALLÉE DU LAVEZON

De la route accidentée suspendue aux flancs du plateau, au-dessus d'épouvantables précipices, la vue s'étend jusqu'aux Alpes, embrassant toute la large vallée du Lavezon. A gauche, au pied de l'éternelle falaise, Saint-Pierre-la-Roche et la ferme de Chambeyson dont la tourelle blanche éclate sur le vert sombre des regains ; en bas, le

_____

(1) Ferme.

village des Molières où l'eau recéleuse d'écrevisses et de truites ruisselle de partout. Entre les Molières et Chambeyson, la route cotoie des effondrements marneux traversés par une curieuse coulée noire d'un mètre d'épaisseur et régulière comme un rempart féodal. Plus loin, au-dessus des deux Saint-Martin, Bergwise avec son sommet horizontal, ressemble à une table gigantesque dressée pour un repas de géants.

Au fond du cirque, derrière Pampelonne qui apparait blanc dans les arbres, le Rhône dessine une étroite bande bleue et ce paysage contemplé de ces hauteurs dans le calme du crépuscule imminent est d'un charme intense.

⁂

LES BALMES DE MONTBRUN

Elles détiennent avec le Pont d'Arc, le record de la célébrité. Et de fait le spectacle en vaut la peine. Dans une gorge aux profondeurs effrayantes, de hauts rochers crépelés se hérissent, affectent des formes de tourelles, de remparts dans lesquels toute une tribu d'hommes se creusa des demeures rudimentaires. A gauche, l'un des rochers à l'air d'un donjon, un autre percé de trois ouvertures en triangle offre l'aspect d'une figure ca .narde dont la bouche grimacerait.

Le ruisselet qui glouglouto au fond de la gorge tombe en cascade dans une végétation de ronce et de clématite. On se sent écrasé par l'énorme masse volcanique et la tristesse vous envahit dans cette solitude troublée parfois par le craquement des rares charrettes roulant sur la route, à mi-côte, sous les châtaigniers trapus.

⁂

Trois quarts d'heure après, on se trouve à la base du Coiron, en gare de Saint-Jean-le-Centenier, en pleine vie, dans les rosiers de ce petit coin que d'aucuns surnomment Saint-Jean-de-Smyrne et placent dans une sorte de Turquie ardéchoise.

.*.

LES BALMES DE MONTBRUN. — A l'époque où Faujas de Saint-Fond visita les Balmes, il y avait encore deux familles qui habitaient ces excavations. L'existence d'une prison, d'un château et d'une chapelle fait supposer que les Balmes de Montbrun abritaient de nombreux habitants.

VIVIERS

Le voyageur qui, bravant les intempéries et le mistral, se tient aux vasistas du train qui l'emporte vers le Nord, dans l'intention de voir au passage l'ancienne capitale du Vivarais, se trouve complètement déçu. car. sitôt après avoir quitté la gare cachée au Midi en un étroit vallon resserré près de la montagne par l'abrupt rocher de Saint-Victor, le chemin de fer s'enfonce dans un long tunnel et ne revoit le jour que sur le viaduc d'Escoutay, la petite ville dépassée.

Il en est de même, quand l'été venu, on se laisse mollement emporter par le *Gladiateur*, sur le Rhône paisible où souffle une brise parfumée. car les hauts platanes de la Roubine masquent toute la ville basse. L'on n'aperçoit que le vaste séminaire, la vieille cathédrale perchée sur un roc moussu. tapissé de lierre tenace, et tout là-haut. sur la montagne pelée, une blanche madone étendant les bras. comme pour une bénédiction. Dans ce cas également, il faut en faire son deuil. le bateau. chose incompréhensible, n'ayant pas d'escale à Viviers. Il existe un port cependant au bout d'une promenade touffue. mais l'arrêt d'un vapeur y est chose si rare que cela devient un mémorable événement. Je fais allusion ici, aux visites de Richelieu en 1642 et de Napoléon en 1852, faits relatés dans une brochure de Labunski, éditée à cette intention.

Seul le touriste qui va sac au dos et bâton au poing, jouit à son aise de l'originale ville que traverse la route nationale, en un demi-cercle tracé au compas. En rentrant par le Nord, l'énorme séminaire avec ses trois cent soixante-cinq fenêtres, a l'air d'un majestueuse caserne, et l'étranger peut s'y tromper, surtout maintenant, qu'y résonnent, derrière les hauts murs clôturant ses cours et jardins les énergiques: Portez armes! des moniteurs qui, depuis les nouvelles lois militaires, enseignent aux futurs vétérans, l'art de manier le Lebel.

A part l'église Saint-Laurent et la massive tour de l'horloge, il n'y a guère sur la route que maisons bourgeoises, hôtels, cafés et boutiques. Par contre, en pénétrant dans la ville, on rencontre de superbes et antiques constructions, entr'autres, aux abords de la place de l'Hôtel-de-Ville, l'ancienne Place d'Armes, la *maison des chevaliers*, finement sculptée, ainsi qu'un bijou de Cellini et plus belle que la célèbre *Maison des Têtes* à Valence.

L'ancienne maison Montarguy, aujourd'hui cachée derrière un pâté de maisons construites sur la partie Sud de l'antique Place d'Armes, est très curieuse à visiter. C'est dans cette demeure que, d'après l'abbé de Banne, aurait couché Richelieu. Le cardinal étant moribond, fut porté en litière, de son bateau, *La Saincte Marie de Tarascon*, à la chambre même qui lui avait été réservée au premier étage. Pour y accéder, on avait fait une large brèche dans la façade et construit un pont de bois qui partait de la boutique de Noël de Vielh — aujourd'hui la mercerie Bonhomme — et arrivait à l'énorme ouverture pratiqué dans le mur. C'est ce qu'on pouvait appeler : Laisser des traces de son passage.

Le clocher de la cathédrale ayant été bâti à différentes reprises, est d'une artistique originalité, les siècles successifs y ayant laissé la griffe spéciale de leur style.

Du sommet du roc où est construit le monument, vaste plateforme

VIVIERS (Vue Générale)

qu'un mur sinueux sépare du précipice, l'on jouit d'une vue splendide.

Au Nord. la plaine de Montélimar qu'agrémentent d'un côté les
dentelles neigeuses des Alpes dauphinoises, et de l'autre, les franges
bleu-de-ciel du Rhône conquérant. A ses pieds, le fleuve bouillonne
comme au sortir d'un lac, sur les rochers qui l'enserrent et va se
perdre en sinueux contours à travers les saulaies verdissantes de la
douce Provence, de la *gueuse parfumée*.

Viviers se trouve, de par sa position, sur les limites de la Provence
et son patois ne diffère que sensiblement du provençal. Ses habitants
ont conservé l'antique réputation d'hospitalité chantée en strophes
naïves par un poéte du XIII⁰ siècle et, il y a un peu plus de cent ans.
par Millot dans son *Histoire des Troubadours*. Ils ont de même gardé
la fierté opiniâtre et l'esprit combatif qui obligèrent Charlemagne à
y venir, en personne, comprimer une révolte sanglante fomentée par
l'esprit municipal. Il assura aux évêques la souveraineté temporelle
du pays en leur donnant le titre de comte avec droit de battre
monnaie ; ce qui fit que ces derniers refusèrent pendant trois siècles
l'obéissance aux rois de France.

Depuis la Révolution qui supprima. de même que l'Episcopat.
rétabli en 1822, les Etats du Vivarais et une considérable fabrique
de draps pour les troupes ; beaucoup de maisons cadenassées. les
propriétaires ayant été chercher fortune ailleurs. Cependant de temps
à autres, ces exilés reviennent donner de l'air à leurs demeures. ne
pouvant se passer entièrement de ce beau ciel nostalgique que
l'astronome Flaugergues, alors juge de paix à Viviers, ne put se
résoudre à quitter.

Un autre fait moins connu vient corroborer cet amour exagéré du
sol natal. Lors de la retraite de Moscou, au passage de la Bérésina.
Bonaparte ayant perdu les étriers s'en allait à la dérive, quand un
de ses grenadiers, de qui il était toujours l'*Etoile*, le prit à califourchon
et le ramena sur la rive.

Le même jour, l'Empereur le fit mander au milieu de son état-major, et, à brûle-pourpoint :

— Comment t'appelles-tu ? — Vernet, sire. — D'où es-tu ? — De Viviers.

— Que puis-je faire pour toi ? Allons, demande-moi quelque chose !

Le grognard se gratta le front et, timidement :

— Voilà, sire : puisque c'est en votre pouvoir, je désirerais être nommé, après la guerre, *cantonnier à vie* dans mon pays.

Les courtisans durent sourire. Napoléon embrassa le brave tout ému. Et de nos jours, beaucoup de personnnes se souviennent de *Vernet le légionnaire* cassant stoïquement — sa croix d'honneur en bandouillère — des cailloux à perpétuité.

N'est-ce pas qu'il doit être beau ce coin de ciel Vivarois pour opérer ces mirages ? Miracles plutôt, de patriarcale et grandiose simplicité...   *(D'après André Maz.)*

Notes Historiques

— En 1568, Albert Noé. chef protestant, refusa de remettre les clefs de Viviers aux envoyés du Roi Le 17 mai, les troupes catholiques investissent la ville et s'en emparent. Albert Noé reconnu sacrilège par le Parlement de Toulouse, pour avoir fait servir à des usages profanes les vases sacrés, fut condamné à avoir la tête tranchée et à payer au chapitre de la cathédrale soixante milles livres de dommages. (D'après Ovide de Valgorge).

Jean le Bon, François Ier, Richelieu et Napoléon Ier, séjournèrent à Viviers.

FIGURES ARDÉCHOISES

HONORÉ FLAUGERGUES

Honoré Flaugergues, savant astronome qui découvrit en 1826 une comète qui porte son nom et que le gouvernement de Charles X appela à Paris. Flaugergues ne put quitter sa ville natale. Que m'importent, dit-il, les honneurs et la gloire que l'on me promet à Paris, je n'y trouverais pas le ciel si pur de Viviers.

MARIE DE ROMIEU
1545-1590

Née à Viviers, fit imprimer à Paris ses premières œuvres poétiques dédiées à la duchesse Marguerite de Lorraine. Dans ce livre elle apparaît comme un apôtre de la revendication des droits de la femme. Son Instruction pour les jeunes dames *qui d'après le docteur Silhol, est la traduction littérale d'un ouvrage italien, la fit sévèrement juger par Guillaume Colletet, l'historien des poètes du XVIe siècle.*

Jacques de Romieu, son frère, qui naquit aussi à Viviers était secrétaire de la Chambre du Roy. Il publia des Mélanges *et entreprit de mettre en vers l'histoire de l'église de Viviers.*

J. L. CROZE

Né à Viviers, débute à Paris à dix-huit ans à Art et Critique *que dirigeait alors son cousin Jean Jullien, l'auteur du* Maître *et de la* Mer, *le critique dramatique si sincère et si écouté. J.-L. Croze débute par des articles sur la musique et le théâtre. Fervent d'Antoine, alors à son aurore, et qui fut son grand soutien dans* Art et Critique. *Passe, après avoir été le rédacteur des* Lettres d'un rat *(potins de coulisses et bavardages de danseuses) à la revue de Jean Jullien à* l'Evènement *où en quelques mois, après le reportage littéraire et dramatique, il devient chroniqueur puis soiriste. Ses soirées parisiennes étaient signées Coquelin cadet. Après trois ans de soiriste, entre à* l'Echo de Paris *où il s'est créé une spécialité d'articles de théâtre et de musique sur les auteurs et les pièces.*

Entre temps après avoir été secrétaire de la Plume, *donne des articles* au Figaro, *au* Gaulois, *au* Matin, *au* Télégraphe, *au* Mémorial Diplomatique, *au* Précurseur d'Anvers, *à* Paris-Premières, *est collaborateur régulier du* Soir. *du* Français Quotidien *et du* Quotidien Illustré *où à propos de la récente reprise du* Tannhauser, *il a publié une curieuse étude pleine de documents inédits sur* Wagner *et son œuvre à* Paris.

Très versé dans le monde musical, Camille Saint-Saëns *l'a pris pour collaborateur dans diverses mélodies :* Là-bas, Bergerie Watteau, etc., *et surtout dans* Pallas-Athénée, *hymne chanté l'année dernière sur le théâtre antique d'Orange et au concert* Lamoureux.

Théâtre : Paulette, *3 actes, joués en décembre 1894 avec gros succès et une interprétation merveilleuse, Mlle Dux, MM.* Brémont *et* Céatis, *tous les trois de l'Odéon. Huit jours après :* Pierre Laurin, *1 acte.*

Très partisan de la décentralisation, secrétaire des félibres et des cigaliers. Pour récompenser son ardeur à l'organisation des fêtes d'Orange, M. Leygues lui a fait don de la statuette, en biscuit de Sèvres. de Mozart enfant, *de* Barrias.

Adore l'Ardèche et Viviers.

Pour paraître en janvier : Musique et Musiciens, *préface de Camille Saint-Saëns.*

RICHELIEU A VIVIERS

Le 24 août 1642 le cardinal de Richelieu vint coucher en cette ville avec une cour royale. Il remontait le Rhône dans un bateau où l'on avait bâti une chambre de bois tapissée de velours rouge cramoisi, à feuillages sur fond d'or. Son Eminence était dans un lit garni de taffetas pourpre. Quantité de prélats et de seigneurs suivaient en d'autres bateaux. Une frégate faisait la découverte des passages et derrière venait un bâteau chargé d'arquebusiers.

Les îles étaient minutieusement explorées. A l'arrière du navire de Richelieu était attaché un petit bateau couvert dans léquel était de Thou prisonnier gardé par un exempt des Gardes du Roi et douze gardes du Cardinal.

Sur les deux rives du Rhône s'avançaient deux compagnies de chevau-légers. Toute la noblesse du pays attendait. Richelieu malade d'une ulcère au bras, était couché dans un lit porté par six puissants hommes. Ce qui étonna fort tout le monde c'est que le cardinal entrait dans les maisons par les fenêtres. Avant son arrivée des maçons qu'il menait abattaient les croisées ou faisaient des ouvertures aux murailles des chambres où il serait logé et après, un pont de bois menait de la rue à la fenêtre.

Il logea à Viviers dans la maison de Noël de Vielh.

On abattit la croisée de la chambre qui a sa vue sur la place et le pont de bois pour y monter partait de la boutique. Sa chambre était gardée de tous côtés sous les voûtes et dans les appartements supérieurs.

Le 25, Richelieu fut reporté dans son bâteau avec le même ordre. Il y avait plaisir à entendre les trompettes de la noblesse ou des Gardes qui jouaient en Dauphiné avec les réponses de celles du Vivarais dont les sons multipliés par les échos remplissaient la vallée.

J. de Banne à qui est empruntée cette relation termine ainsi :

« Je vis Mgr le cardinal dans sa chambre. Il était grand, ayant un visage majestueux ; il portait fort pauvres couleurs à cause de son mal qui toutefois s'alentit étant dans cette ville. Ce seigneur était fort affable, savant au possible et grandissisme homme d'Etat. Le

Conseil fit poser ses armoiries sur les portes de la mairie et de son logis. Il ne voulut pas qu'on lui fît entrée en aucune part ni qu'on tirât canon ou mousquet. Lorsqu'il fut arrivé à Lyon, ajoute-t-il naïvement, le sieur Cinq-Mars grand écuyer et le sieur de Thou furent exécutés à mort.

LE TEIL

De l'étroite, longue et curieuse rue Voltaire, un sentier grimpe à travers des clos et des prés minuscules vers l'ancien village du Teil, ramassis de maisonnettes acagnardées au soleil, derrière des rochers de calcaire friable. Au passage d'un étranger, les chiens hurlent ; femmes et enfants regardent curieusement et l'on se croirait volontiers transporté dans quelque village des maigres Cévennes où la présence d'un passant constitue un évènement. A la vérité, il n'y a guère que les archéologues qui grimpent jusque là.

La crête de la colline est couronnée par des blocs de maçonnerie couchés dans toutes les directions et qui ont fait comparer ces ruines à un artichaut gigantesque. Il semble qu'une main de Titan ait pris plaisir à chambarder ces murs où le vent du Nord fait rage et se froisse de façon plus aigüe encore à travers une touffe de genièvre agrippée aux remparts et penchée sur l'abime. A deux pas vers le

Nord la nature sauvage : des prairies avec des chevaux, des vaches, un vrai paysage de montagne. Il n'y manque même pas le pâtre, un jeune homme en blouse bleue, pantalon couleur du temps et casquette fourrée. Il s'approche avec précaution des ruines, son fouet aux doigts et siffle vers la vallée, imitant le cri émotionnant de la sirène ou les sifflements des locomotives en partance.

Ici, la terre primitive, des mœurs que l'on suppose patriarcales et tout au fond de la colline la petite ville moderne resserrée entre la ligne et les pentes ravinées. la ville, avec ses places ombragées, ses cafés ou s'entrechoquent des billes de billard où se croisent les annonces des joueurs dans le froissement des journaux et des revues; quintessence de la vie surchauffée ; la ville avec son hall, sorte de cirque pour machines. ses longs murs de charbon, nourriture de ces nouvelles bêtes de somme, la ville avec sa gare noircie, ses réseaux de rails brillant sous le soleil et s'allongeant en courbes gracieuses.

Le beau spectacle ! Par delà les rails et les jardinets encore luisants de la vase laissée par les récentes inondations. le Rhône s'en va royalement avec des rides sur l'eau trouble encore et des remous bruyants aux piles du pont. Dans les lônes, les grosses vagues soulevées par le mistral, viennent mordre les roseaux ou se briser sur les rocailles du bord.

Puis c'est la belle plaine de la Drôme avec Montélimar qui étage harmonieusement ses blanches façades ensoleillées, cependant que de la brume bleuâtre émergent les Alpes dauphinoises pointant leur cimes neigeuses vers le ciel, où pendent de noirs nuages effrangés poussés rudement par la bise.

FIGURE ARDÉCHOISE

~~~~~~

MALLET

Mallet (Joseph Xavier) naquit au Teil le 21 Janvier 1827 et fut inhumé en cette ville le 27 octobre 1895. Vers la trentaine il se lança dans la peinture qu'il ne devait quitter que pour faire une courte excursion dans la politique en 1871 et en 1886 et dans l'agriculture dans les dernières années de sa vie.

Il eut pour maître Charles Glayre, peintre original qui fit de Mallet un maître paysagiste, un fidèle traducteur des scènes villageoises, un amoureux fervent des coins d'Ardèche et des rives rhodaniennes.

Les principales œuvres sont :

Les vendanges — Le Pressoir — Les vanières — La mort de Diogène — Le berger et le Chevrier — L'ancien port du Teil (médaillé à l'Exposition universelle de Lyon (1894). Une pêche sur le Rhône ; une série de dessins à la plume concernant les enrochements de ce fleuve et parus dans l'Illustration. Il avait exposé en 1863.

Le Pèlerin — Un bateau de charbon sur le Rhône.

En 1867, un moulin dans une gorge du Coiron.

En 1869, Les paysans sauvant leurs récoltes de l'inondation du Rhône.

En 1873, La navigation du Rhône acheté par Lord Boyn. En 1877, les Vanneurs.

En 1883. Le Chenavari, Le Blé (Tryptique).

En 1873, dans un de ses salons annuels Philippe Burty le célèbre critique parisien appela Mallet le peintre ordinaire du Rhône ».

Un de ses tableaux se trouve à la Préfecture de l'Ardèche, un autre à l'hôtel-de-Ville de Privas, un troisième au Cercle du Casino de Vals, un autre à Bourg-Saint-Andéol. Depuis une dizaine d'années le peintre de de Montélimar, à deux pas de son pays natal, lâchait parfois la charrue pour le pinceau et la plume faisant ainsi de la peinture la plus grande préoccupation de sa vie d'artiste probe.

Parmi les toiles adossées aux murs de son vaste atelier, la multitude des pochades, croquis de paysages pris sur le vif au hasard des courses. tout en feuilletant ces albums précieux où il avait croqué si fidèlement une foule de sites, Mallet parlait de ses projets pour l'Exposition de 1900. Deux mois après, la mort venait le prendre en pleine force du talent, au milieu de son rêve de gloire.

LA CHAUX HYDRAULIQUE

LA CHAUX HYDRAULIQUE DU TEIL

La grande usine de chaux hydraulique Lafarge est située au bord du Rhône entre le Teil et Viviers au pied d'une colline de caicaire entamée depuis 60 ans par les prodigieux coups de mine. La fabrication de la chaux hydraulique et celle du ciment reposent, d'après l'ingénieur Vicat, sur un même principe : mêler à la chaux grasse une certaine quantité d'argile et cuire ce mélange au degré voulu. Une cuisson modérée donne le premier produit ; le second est obtenu au moyen d'une température très élevée. Pour obtenir des produits de premier ordre, il faut des calcaires spéciaux ; les plus connus sont ceux du Teil, qui exploités et traités sur place ont donné aux usines de Lafarge du Teil une réputation universelle.

C'est en 1830 que M. de Lafarge acheta la carrière et les petits fours à chaux du Teil : il en construisit deux autres et commença une exploitation régulière. La chaux se vendit bien et servit dans la construction de beaucoup de ponts sur le Rhône, le Pont St-Esprit, notamment.

Le premier essai de travaux à la mer se fit au môle de Cannes, en 1832, par des blocs de béton immergés pour protéger la maçonnerie.

En 1839 la maison fournit la chaux nécessaire aux travaux du port de Toulon, en 1840 à ceux de Marseille, de Cette et de Port-Vendres, en 1849 à Alger, à l'Ile-Rousse et à Bastia.

En 1862 l'usine fournit 120.000 tonnes aux travaux du canal de Suez. Elle exporta à l'étranger et en 1866 ses ateliers d'Alger furent transformés en succursale commerciale avec vastes magasins sur le port.

Un nouveau perfectionnement important fut l'utilisation des grappiers pour la fabrication du ciment. Le sable des grappiers que l'on considérait comme n'ayant aucune valeur, servit à fabriquer le ciment de Lafarge, à prise très lente et à durcissement progressif. Sa composition répond à celle des ciments Portland artificiels et sa parfaite homogénéité est due à la température élevée à laquelle est soumise la chaux dans les fours. Ce ciment, vendu d'abord pour l'industrie du carrelage et de la mosaïque fut employé ensuite à confectionner des tuyaux, des briques, etc. Une usine fut fondée à Hussein-Dey, près d'Alger, et deux autres à Bône et à Tunis. Depuis il a été adopté par les services du génie et des travaux publics.

Ces inventions portèrent l'usine de Lafarge, au plus haut point de prospérité, grâce à sa situation exceptionnelle au bord du Rhône et à proximité de la ligne de Lyon aux ports du Midi, à laquelle elle est reliée par un embranchement. Avec ses cinquante fours et ses sept cents chevaux-vapeur de force, elle peut fournir en trois cents jours de travail environ cinq cent mille tonnes de chaux et ciment.

Deux modes d'exploitation sont employés ; l'abattage extraordinaire au moyen de grosses mines dont la charge peut atteindre dix mille à douze milles kilogrammes de poudre ; l'abattage ordinaire, au moyen de la mine Courbebaisse à l'acide libre ou avec siphon.

La chaux de Lafarge est classée parmi celles dont la prise est rapide, dites éminemment hydrauliques ; mais la prise des chaux n'est pas un phénomène brusque : la pâte passe progressivement de l'état mou au maximum de dureté.

On emploie surtout la chaux hydraulique dans la confection des mortiers qui doivent être immergés ou durcis dans un sol humide. L'expérience a prouvé que, dans les travaux exécutés à la mer depuis cinquante ans, les maçonneries en chaux du Teil, plus économiques, restent aussi bien que celles qui sont faites au ciment Portland.

L'Usine du Teil a obtenu à l'exposition universelle de 1889, le grand prix dans la section du génie civil.

Voici la liste des travaux qui ont absorbé la plus grande quantité de chaux et de ciment du Teil :

FRANCE

Port et Arsenal de Toulon	81.338 tonnes,
Ports de Marseille, canal Saint-Louis. . . .	146.837 »
Ports de Corse.	42.263 »
Port de Cette	43.570 »
Port de Bordeaux.	18.022 »
Canal de l'Est	18.114 »
Ligne d'Evian.	21.200 »
Barrages de la Seine.	17.301 »

ALGÉRIE

Port d'Alger	45.492	»
Ports d'Oran et d'Arzeu	36.952	«
Autres ports d'Algérie	94.646	»
Chemin de fer d'Alger	25.202	»

ÉTRANGER

Port de Barcelone (Espagne)	14.446	»
Port de Malaga (Espagne)	20.000	»
Constantinople	15.943	«
Canal de Suez	181.892	»
Roumanie	30.187	»
Vera-Cruz (Mexique)	8.381	»
Canal de Corinthe (Grèce)	4.000	»
Ile de la Réunion	1.000	»
Odessa (Russie)	25.000	»
Trieste (Autriche)	11.000	»
Port de la Spezzia (Italie)	11.000	»
Port d'Alexandrie (Egypte)	23.256	»
Canaux de Ramsès (Egypte)	3.000	»

Les chaux et ciments des usines de Lafarge ont porté le nom de l'Ardèche aux quatre coins du monde.

APS.

A la sortie du tunnel d'Aubignas, dès la rentrée en gare, les yeux se portent avidement sur la plaine surprenante par son étendue. pour nos pays accidentés ; vaste cirque garni de collines en gradins que surmontent des montagnes aux pentes rapides : tels le mont aigu ou Montagut du nom des anciens seigneurs, et le mont Juliau ou Julieu du nom du conquérant des Gaules.

C'est là dans cette plaine d'une trentaine de kilomètres carrés, couverte de vieux amandiers sur lesquels les touffes de gui se mêlent aux nids d'agaces, c'est dans ce vaste amphithéâtre où brilla l'antique Alba que se joua une des plus mystérieuses tragédies latines.

Des fouilles pratiquées avec fureur, il y a un peu plus de vingt ans, par des propriétaires du quartier dénommé encore « le Palais » mirent à jour des caveaux, des salles pavées de rares mosaïques et une infinité de vases, monnaies, tuyaux, etc., vendus au poids pour la plupart à des pataros ambulants. Il s'en est néanmoins conservé et, dans quelques rares maisons d'Aps, on pourrait en admirer de précieuses collections.

Le village actuel bâti sur la rive droite de l'Escoutay, presse ses maisons au pied de son imposant château féodal, acculé sur une roche basaltique venue on ne sait comment du Coiron, un jour d'effroyable cataclysme.

Ce château morcelé sous la Révolution a été acheté lambeau par lambeau, pièce à pièce, par un enfant du pays, M. Gaillard, médecin à Lyon, qui en est devenu l'unique propriétaire et a dépensé une fortune pour réconstituer, décorer et en meubler les vastes salles. La tour Nord-Ouest s'étant abattue ces dernières années, manque seule et ne sera probablement jamais relevée. En tous cas, ce ne sera pas les futurs et nombreux héritiers qui, modestes cultivateurs, se chargeront de cela, ils seront au contraire embarrassés d'un monument qui leur *rapportera* annuellement cinq cents francs d'impôts.

Les rues du vieil Aps grossièrement dallées, grimpent vers l'église peureusement accroupie sous les créneaux, et décrivent un inextricable labyrinthe couvert de sombres arceaux où les étrangers ne s'engagent qu'avec une certaine appréhension.

La campagne dévastée par les maladies de la vigne et des vers à soie n'est plus égayée par les chansons rustiques d'autrefois, et le voyageur qui traverse ces steppes désolés se sent malgré lui, pris d'un frisson mélancolique lorsque son regard se porte vers les larges dalles funèbrement alignées le long des chemins et sur lesquelles les paresseux lézards boivent les rayons du soleil.

Notes Historiques — Aps. — Anciennement Alba Helviorum ou Alba Augusta. Si l'on trouve dans le village quelques inscriptions encastrées dans les murs, elles y ont été portées par les propriétaires du sol qui les recelait. Aps ne peut être regardé que comme le Musée d'Albe. Cette ville était fort étendue si l'on en juge par les monuments que l'on trouve dans un rayon de deux kilomètres. Au quartier du Palais. on trouve des médailles, des plaques de marbre. des clefs romaines. des morceaux de poteries. des lampes. des roses à parfums.

En 1810. on découvrit dans un champ un emplacement de bains alimentés par une conduite d'eau venant de Saint-Pons.

Aps est une des villes qui jouissaient du droit romain, c'est-à-dire qu'elle était sujette aux tributs, aux impôts, aux contributions qu'on levait pour la milice ; ses troupes n'étaient pas enrôlées dans les légions romaines. elles ne servaient que comme auxiliaires. Cette ville était fameuse par la quantité et la qualité de ses vins, mais surtout par un plant. qui d'après Pline, fleurissait en un jour.

En 406. les Vandales ruinèrent Albe et martyrisèrent son évêque Avolus et le siège épiscopal fut transféré à Viviers.

En 1670. lors de la Révolte de Roure, de Brancas, beau-père du prince d'Harcourt, seigneur d'Aubenas, eut deux entrevues avec le chef des rebelles. Ces entrevues donnèrent aux troupes royales le temps d'arriver en Vivarais et d'étouffer par la plus sanglante des répressions ce commencement de Révolution.

LA PRESSE

Dans ce premier volume d'études vivaraises, il convient de parler des journaux de Privas, d'Aubenas, de Vals et de Bourg-Saint-Andéol.

Chaque ville ardéchoise un peu importante à son journal. L'arrondissement de Privas en a une bonne part.

Par ordre alphabétique : l'Ardèche Républicaine, rédacteur en chef M. Fombarlet, conseiller général du canton de Laroulle ; l'Avenir Agricole, organe du Syndicat agricole du département, rédacteur en chef M. Gaston Giraud, principal du Collège de Privas. Le Cévenol, revue protestante dirigée par MM. Davaine pasteur à Privas et Eldin pasteur aux Fonts du Pouzin ; la Démocratie de l'Ardèche, rédacteur en chef : M. J-J. Roux ; le Patriote de l'Ardèche rédacteur en chef : M. Paul d'Albigny ; le Réveil Ardéchois rédacteur en chef : M. Francisque Rivière.

A Aubenas, le Courrier d'Aubenas et le Journal d'Aubenas tous deux hebdomadaires.

Vals possède la Revue du Christianisme pratique dirigée par M. Chastand, pasteur à Vals, le Vals-Thermal organe de la station, directeur : M. Ovide Jouanin ; et Vals-les-Bains-Gazette dirigée par MM. G. Forges et Paul Meissonnier.

C'est au Bourg-Saint-Andéol que paraît le Riverain Agricole qui consacre sa deuxième page à la Littérature.

Presque tous les journaux politiques de l'arrondissement, d'ailleurs, font une place plus ou moins grande à la littérature locale, sous la rubrique : Variétés.

Les revues littéraires ou historiques sont au nombre de deux : l'Ardèche

Littéraire *fondée à Aubenas en 1895 et la* Revue du Vivarais *fondée à Privas en 1893.*

L'Ardèche Littéraire fondée par MM. André Maz, Paul Meissonnier et Jean Volane, est une revue mensuelle de seize pages sur papier de luxe. Elle a publié jusqu'ici des descriptions. des récits, des nouvelles, des impressions de voyage, des poésies, de petits romans, des contes de la critique littéraire. des portraits ardéchois. environ quatre cents articles et déterminé un certain mouvement intellectuel dans notre département réputé réfractaire à la littérature..

L'Ardèche Littéraire a publié plus de quatre-vingts dessins de Mallet, le regretté peintre ardéchois. d'Edmond Rocher, dessinateur attitré de la revue. d'Albert Perrin, de Louis Bombled, de Bonnand et de Thierry.

Ont collaboré à cette revue par ordre de date, jusqu'à ce jour :

E. M. de Vogüé. J. L. Croze. André Maz, Jean Volane. Jean de Thieurre, Sylvestre, Henry Cérès, Maurice Braibant, Paul Meissonnier. Paul Bourget, Joseph Galland, Sfénosa, Antoine André, F. du Lignon. J. des Boulières, Dr Grégoire. Saint-Céols. Jean Graveleau. Albert Perrin. Léonce Destremx, Gabriel Rambaud, Charles Céra. Élie Phillippe. Maurice Fauste. Eugène Dreveton. Léon Bénéfice, Hugues Lapaire, Xavier Mallet, Guy des Pérouses. Raphaël Gignier, Michel Mourlevat, Marius d'Arcourt. Henri Aulagnier, Laurent Tailhade. Alfred Marambot. Edmond Rocher. A. Lavastre, Léon Riotor ; Paul Masson. Louis Aurenche, Henry Vaschalde, René Ghil, Alfred Rémy, Fabre des Essarts. Henry Bomel. Edmond Lepelletier, J. Vayren, Z. Marcas, Charles Pichon. Aimé Prévôt. Noël Vernoux. Louis des Classans. Paul Verlaine. Henri Degron. Francisque Rivière, Edouard Petit. Docteur Francus. Jorge Guillaumot. Louis Tanargue. Loys de Belcastel, Louis Gaby. Pierre Sandy, Henri Malet, Prosper Roche, Benoit d'Entrevaux. Mᵐᵉ Rose Romain, Louis Bonnefont, Jules Cazol, Émile Boissier. Louis Malosse. Georges d'Esbaud, Abel Letalle. Georges Werner, Albert Grimm, Antoine Boson, Fernand Rivel. Madeleine Lépine. Marc Legrand.

La Revue du Vivarais *fondée à Privas par M. Paul d'Albigny. paraît en fascicules mensuels des quarante-huit pages. Elle s'est surtout attachée à l'histoire, à l'archéologie et à la généalogie vivaraises. Ont collaboré à cette revue MM. E. de Vogüé, A. Mazon, Léon Vedel, de Montravel, Benoît d'Entrevaux, Ollier de Marichard, E.-A. Martel, Henry Vaschalde, Lascombe, Henri Lafayolle, de Lubac, Henri Arsac, l'Abbé Grimaud, l'Abbé Fillet, Emmanuel Nicod, Léopold Chiron, l'Abbé Constant, Léonce Pingaud.*

Cette publication donne des vues très soignées de sites ardéchois.

Pages Vivaraises

PAGES VIVARAISES

———

I | ## VENT D'OUEST

D'entre le mont aigu et les falaises coironnaises, par la gorge verdoyante du Frayol, la noire bourrasque faisant claquer bien haut l'oriflamme éblouissante des éclairs, s'avance impétueusement vers la vallée du Rhône, ainsi qu'une horde de Vandales.

Aux belliqueux roulements de la foudre qui bat une charge endiablée, elle tord, brise, renverse tout sur son passage. Puis, aux froides gouttes de pluie, larges comme des pièces de cent sous, succèdent bientôt de calamiteux grêlons aussi gros que des pralines. En un clin d'œil, côteaux et plaine sont ravagés.

Sur le fleuve sombre ainsi qu'un infernal Styx, l'ouragan, après avoir ployé comme jonc, les saules où se cachent, au bout de la digue, les lavandières effarées, soulève des paquets de boue et fait plonger les quelques barquots à l'amarre.

La bourrasque passe, elle a passé.

Ses larges hachures cachent maintenant les peupliers de l'autre rive. La plaine dauphinoise disparait à son tour.

Du col de Pleine-Serre, en un coin d'azur fraichement lavé, le soleil guigne sournoisement ce tableau de désolation, cependant que les Montiliens exaspérés contre ce maudit *vent d'Ouest*, cette horrible *traverse*, tendent leurs poings crispés vers nos côtes ardéchoises, *d'où*

Vent d'Ouest sur le Rhone (Le Teil)

ne sort jamais rien de bon et nous vouent une rancune inextinguible qui ne s'apaisera qu'au printemps prochain, quand baladeront par leurs rues, nos premières corbeilles de petits pois.

II . IMPRESSION D'AUTOMNE

Cinq heures du soir en septembre. Les nuages noirs chargés d'eau courent au ciel grisâtre d'un jour de grande pluie. Ceux du Nord rencontrent ceux du Midi. Le choc a lieu dans un remous de nuées se pénétrant, se cardant.

Un vol d'hirondelles s'élève : un cri solitaire de l'une d'elle — celle sans doute qui donne le signe du départ vers des pays plus ensoleillés. Ce cri pressant accroît encore la tristesse de ce ciel brumeux qui semble écraser les montagnes sombrement violettes, aux ravins étroits et verts qui se perdent au bord de la plaine uniforme.

Cette plaine, vaste hippodrome cerclé de monts, s'étend avec ses champs de maïs jaune et ses maisons très blanches, lavées par trois jours de pluie cinglante.

Et l'on dirait un cimetière immense aux mausolées gigantesques. Pas un être dans ces champs et ces prairies défoncés. Quelques mûriers jaunissent déjà, tandis que d'autres dépouillés de leurs feuilles, grelottent : évocateurs de l'hiver.

Le vent du Nord qui est sorti victorieux de la lutte refoule vers le Sud les nuages noirs, siffle comme en décembre aux coins des maisons et secoue les arbres surchargés de gouttelettes.

Ce bruit d'averse crépitante se mêle au grondement des flots jaunes de l'Ouvèze et au roulement d'un train qui s'échappe par la trouée d'Alissas.

Et ce sont les seuls bruits, — avec de temps à autre de son triste des cloches — car l'homme demeure silencieux en ses coins de feu, l'hiver venant d'envoyer sa première estafette.

Privas, fin septembre 1896.

III   LE REPOS DES AMES

I

Les cloches de la vieille tour geignent, lançant leurs glas funèbres à tous les échos du Vivarais. On enterre aujourd'hui la Marion du père Boritte — un vieux fermier du Mas des Bruges, — joli petit hameau collé au flanc d'une montagne couverte de châtaigniers et de bruyères rouges.

Elle fait plaisir à voir cette poignée de maisons acagnardées au soleil comme de vieilles femmes. Oh ! mais, de loin, seulement.

Si vous gravissez les ruelles montantes et pavées du Mas des Bruges, vous êtes obligé de vous serrer les ailes du nez, tant les odeurs que vous percevez sont désagréables. L'œil n'est reposé par rien de gentil et de propre : des intérieurs enfumés, avec, pour plancher de la boue tassée par des générations de paysans, de la charcuterie qui pend aux grosses poutres noires, quelques images d'Epinal, deux ou trois chromos de saints au-dessus d'un bénitier surmontant le chevet du lit ; des mioches crasseux et morveux qui jouent demi-nus au seuil des portes.

II

Quatre voisins ont donc pris la bière de sapin grossier sur laquelle la « sœur » du village a coilé quelques larmes et festons de papier rose, et le père Boritte accompagné de quatre à cinq femmes a suivi le convoi sur le chemin caillouteux qui mène à l'église paroissiale.

Les cloches lancent toujours leurs tristes plaintes, des oiseaux s'envolent sur le passage du groupe mortuaire et le père Boritte regarde les récoltes. Quand tout a été fini, les deux belles-sœurs du fermier sont revenues à la maison avec lui et après avoir mangé un morceau tous trois sont passés dans la soupente où la Marion mettait pendre ses frusques.

Les deux femmes ont reçu des robes, des fichus, des bonnets, toute la dépouille de la morte et sont parties en laissant au vieux une pièce de quarante sous.

III

Un mois s'est écoulé depuis l'enterrrement et l'homme trouve la maison un peu vide tout de même. Il est obligé de faire sa soupe et la nuit, dans le lit, des désirs de chair secouent son corps encore vert de sexagénaire.

Julie, la voisine, est encore affriolante malgré ses quarante ans sonnés. Le mari est aux champs toute la journée..... si elle voulait, pourtant.....

Aux propositions du père Boritte, la voisine a demandé ce qu'elle aurait pour prix de sa complaisance — car on ne fait rien pour rien au village — et comme le fermier a dépensé les deux derniers écus pour les funérailles de sa femme, il se gratte la tête et réfléchit un moment.

— Veux-tu la plus belle robe de ma pauvre Marion (devant Dieu, soit-elle).

— Je ne dis pas non....

Marché fait.

IV

Un beau matin, une héritière de la garde-robe, voit arriver le veuf tout cassé, obséquieux, geignant de façon lamentable. S'affaissant sur une chaise, d'un air atterré, le coude sur le genou et la tête dans la main, il exhale : « C'est pas possible... malheureux que je suis... la nuit dernière... je dormais... d'un œil seulement... j'ai entendu un bruit de chaînes... dans ma maison... et une voix qui m'appelait : Jean-François... Jean François !... En ouvrant les yeux j'ai vu, collée à la vitre de la petite fenêtre, la figure de ma pauvre Marion... (Devant Dieu soit-elle). Ses mains étaient ouvertes et ses dents grinçaient. Elle m'a dit que j'étais un mauvais homme, de lui avoir bazardé ses affaires et que je serais damné sûrement....

Puis elle m'a dit à voix très basse, mais avec tant de force que je sentais le vent de sa bouche dans mes cheveux : « Reprends la plus belle de mes robes, et vends-là pour me faire dire une messe. »

— Je ne l'ai plus vue après ça.

V

A regret, la belle-sœur tira la robe de son armoire, répétant machinalement : Ti possible, Jean-François... Ti possible !

. . . .

Et le père Boritte revint souvent, reprenant peu à peu les frusques de la morte, afin de pouvoir... faire dire des messes pour le repos de l'âme de sa femme.

IV   L'HOTEL DES ROULIERS

L'aube froide blanchit les vitres de l'hôtel des Rouliers, aux vastes
remises et aux chambres nombreuses. Une lampe jette dans la cuisine
ses dernières lueurs pâles et tristes, comme épuisée de veille. Une
jeune fille dort, accoudée sur le fourneau qui a gardé encore un
soupçon de chaleur. C'est l'aînée des filles du maître de céans ; elle
est la plus connue des rouliers de la montagne.

Au bruit des pas, sur les dalles de la cuisine, elle s'est réveillée
lentement, passant sur ses yeux gros sa main noire et grasse. Après
un mot qui ressemble plus à un grognement qu'à un « Bonjour,
messieurs » elle demande avec une vilaine moue, ce que l'on désire
prendre. Le déjeûner servi, elle va se mettre à laver sa vaisselle,
besogne interrompue la veille, vers les dix heures, par l'arrivée
continuelle de ses hôtes.

*
* *

La grosse porte de l'hôtellerie s'ouvre : un homme en blouse,
entre, les cheveux plaqués sur les tempes, un autre sort par la porte
donnant sur l'écurie, et deux autres descendent l'escalier du premier,
du pas lourd de leurs grosses bottes. Ils rôdent tout autour des
tables, des chaudrons, s'asseyent avec lassitude et la « *fille au fourneau* »
leur sert du café, connaissant les habitudes de ses voyageurs.

Peu à peu, un bruit insolite de grelots, de colliers que l'on place,
de chevaux qui piétinent sourdement le fumier tassé, d'eau qui
ruisselle dans les abreuvoirs, des jurements maussades... s'élève
dans l'écurie... et se mêle au grincement de la porte cochère qui
s'ouvre. Puis une bande d'hommes en blouse, aux mines les plus

diverses, dégringole l'escalier, traverse la cuisine et va s'arranger dans la salle tiède encore de la chaleur du poêle, de la respiration et de la fumée des pipes. Ceux-là sont presque tous vieux... Les jeunes dorment encore... Dans un instant, il se lèveront, donneront un coup de peigne à leurs cheveux ébouriffés et changeront de blouse afin de plaire aux jeunes filles d'en bas qu'ils embrasseront en passant.

*
* *

Et en effet, « *les demoiselles* » sont debout depuis cinq heures et Claudine, la plus jeune, est occupée déjà, dans la salle, à écouter — la théière à la main — les propos grivois de tous ces hommes.

*
* *

...Ah! Claudine, combien de ceux-là, se feraient hacher pour le bonheur de prendre un baiser sur vos lèvres chastes! Combien de ces robustes gars n'auront guère de vous que quelque sourire indifférent, ou l'ivresse passagère de frôler en passant vos boucles brunes, du bout des lèvres !

Et longuement, aux dures montées des Cévennes, les jeunes rouliers penseront à l'auberge blanche, au seuil de laquelle se tient Claudine regardant partir l'inconnu préféré de son cœur.

V   NOCTURNE SUR LE RHONE

Sous la lune Le Rhône gémit aux piles des ponts, étale ses remous moirés d'argent fondu, sous lesquels passent peut-être des cadavres. Au fond, en aval du pont, comme barrant le fleuve, les fonderies du Pouzin avec leurs colonnes, leurs tubes, leurs coupoles ressemblent à un Leviathan fabuleux en partance pour de chimériques contrées. Et la fumée qui s'exhale de ces usines, monte vers la lune et sème des nuages blancs sur le ciel très pur de cette nuit de septembre.

(Le Pouzin)

VI   OUVRIÈRES EN SOIE

Les moulinages s'échelonnent le long de toutes les vallées vivaraises. Le personnel est nombreux et le dimanche soir au moment de la rentrée à l'atelier, c'est un mouvement qui ne manque pas de pittoresque. Autrefois, les ouvrières en soie, les *fabriqueuses*, étaient accompagnées par un jeune gars qui remplissait les fonctions de coolie. C'est lui qui, tout flambant neuf, marchait un panier au bras plus fier qu'un roi. *Faire panier* était un honneur. Généralement les couples s'arrêtaient dans les cafés de la vallée jusqu'à ce que vers neuf heures du soir, la cloche des moulinages sonnât l'heure du coucher.

Aujourd'hui les patrons envoient des charrettes ou des voitures

chercher à domicile les ouvrières. Il y a même des mouliniers qui
dans un but de concurrence emploient d'élégants omnibus; d'autres
paient une carte d'abonnement au chemin de fer. Et le dimanche aux
derniers trains du soir, les fabriqueuses produisent un véritable
encombrement.

**

Toute la semaine, l'ouvrière travaille dans cet air nécessairement
vicié de la fabrique, vivant frugalement avec les provisions emportées
de son village.

Elle dîne le plus souvent en plein air, l'assiette sur les genoux,
interrompant son repas pour se gausser de quelque passant intimidé
par cette haie de filles, volontiers gouailleuses.

La journée finie, après une promenade sentimentale sur la route
au côté de quelque amoureux souvent platonique, la fabriqueuse va
s'étendre sur sa paillasse, dans un dortoir ressemblant vaguement à
un dortoir de pensionnat.

Le samedi, elle emplit les trains de son tapage, de ses paroles
assourdissantes, car vivant dans le bruit énorme des mécanismes elle
est obligée de dominer ce vacarme pour se faire entendre.

Le dimanche, pimpante, joliette, pleine de fanfreluches, suivant
de près la mode, elle vit de la vie campagnarde, lit quelque feuilleton,
danse aux vogues: et ne ressemble guère à la fille anémiée, qui de
la bourre de soie accrochée aux cheveux, exhale cette odeur particulière
de la soie imprégnée d'huile.

Les fabriqueuses sont en somme des êtres intéressants et c'est une
impression originale que l'on éprouve en les voyant passer sur leurs
longues charrettes, en chantant à l'unisson de mélancoliques romances
dans l'or du couchant et la poussière des soirs d'été.

VII   LA PÊCHE AU VIRE-VIRE

Silencieusement accroupi, les pieds dans l'eau, à l'arrière de la barque, le filin avertisseur d'une main, celui du déclic de l'autre, le benoit pêcheur attend impatiemment la secousse que produit sur les mailles du filet noyé dans le fleuve, le heurt des aloses ou des lamproies en frairie.

Au premier mouvement, il tire, et le contrepoids fait sortir de l'onde de large carrelet où se débat la grouillante capture.

Les eaux sont favorables cette année et la saison s'annonce bonne.

Par les rues du Teil, toute la matinée on braille les aloses à dix sous et les *lampres* à quinze la pièce.

Voilà bien quelques années que pareille bonne fortune n'avait gâté nos *pescadous*, n'allons donc point les jalouser.

Qu'il est loin l'heureux temps, où, à chaque tournant du Rhône, était installé un *vire-vire*, bateau-moulin dont les ailes en filet, pêchaient automatiquement nuit et jour.

A mesure que l'aile se dressait verticalement, par un couloir adapté sous le moyeu, le poisson glissait par dessus la barque, dans une *cache* fermée à clef. Au matin seulement le coffre était vidé pour la vente.

Aussi devant les béates facilités de cette âge d'or, l'on ne se faisait pas scrupule de venir le soir, au clair de lune, monter la garde au *viro-soulé* et happer au passage une visqueuse *clarinette*.

Mais l'Administration tutélaire qui veille à la reproduction de l'espèce, a eu vite fait de déclarer engin prohibé, le pittoresque *vire-vire* qui égayait le paysage.

Est-ce vraiment pour protéger les amours de ces nomades venus de la *grande bleue*? On les prend tout aussi bien, mais avec beaucoup plus de peine, c'est vrai. Ce qui laisserait croire que cette taquine déjà nommée, n'a voulu, *à propos de poisson*, que remettre en vigueur cette implaquable arrêté pris *à propos d'une pomme* : Tu gagneras ton pain à la sueur de ton front.   *(D'après André Maz.)*

VIII   UN CONVOI A LA CAMPAGNE.

Elle était morte comme Louise, dans sa quinzième année et ce fut par un matin de neige qu'on l'ensevelit dans le petit cimetière du village. Depuis neuf heures, la cuisine et la chambre mortuaire étaient pleines de parents et de voisines. Le père consolait sa femme qui au coin du feu, pleurait continuellement sans secousse comme une enfant. Une bouteille d'eau-de-vie était sur la table, avec autour une dizaine de petits verres. Chaque nouvel arrivant buvait, car il faisait un froid humide et pénétrant.

Comme neuf heures sonnaient, une rumeur discrète s'éleva du dehors : c'était le brancard qui arrivait. On fit signe d'emmener la pauvre mère dans une autre chambre, pour qu'elle ne vit pas le départ de son enfant. Mais la belle-sœur, prenant une subite résolution, la main sur les épaules de la mère dit : Il vaut autant qu'elle voie la caisse. Et la caisse en sapin à peine verni, longue, fluette, mignonne, avec trois couronnes de chrysanthèmes descendit l'escalier, portée par deux hommes.

Le brancard était sur la paille de la cour et les flocons tombaient larges et doux sur les fleurs, et tous ces pieds soulevaient de la paille collée à la neige. Les parapluies de grossière cotonnade bleue ou jaunâtre se piquaient de points blancs. Un parent passait dans la foule avec un sac plein de manteaux noirs pour la parenté.

Il en distribuait largement à droite, à gauche et peu à peu le cortège se forma. Un vieux pénitent aux sabots terreux se mit en route avec une lanterne verdâtre suspendue au bout d'un long bâton, un autre prit une croix recouverte d'un crêpe, un troisième, un saint livre aux doigts, psalmodiait les prières des morts, chantait dans la campagne devant le corps porté sur les épaules de quatre garçons du village. Et puis une vingtaine de paysans dont la physionomie changeait sous le manteau noir, et le cortège s'en fut ainsi dans le sentier, courant entre des champs de blé, de maïs non encore coupé et de luzerne fléchissant sous le poids de la neige. Presque du silence régnait sur tout ce monde. De temps à autre, le parent préposé aux manteaux accostait quelqu'un, lui offrait le costume quoiqu'il ne fût pas allié à la famille tenant à alléger son gros sac. Comme on était en dehors des maisons, les pénitents mirent la lanterne et la croix sur l'épaule, sans plus de façon, et le christ rose sous le crêpe transparent recevait, offrait sa nudité aux flocons froids.

Au cimetière, quand les cordes eurent froissé lugubrement le bois de la bière et que la jeune fille fut placée au fond de la fosse, parmi tout l'entourage des pénitents, des jeunes filles en bleu et blanc, des enfants de chœur dont la face insignifiante se traversait d'un rire vite réprimé ; le frère de la petite, le petit gamin de dix ans, grave sous sous son manteau, éclata en sanglots au bord de la fosse. Un oncle l'emmena, la foule s'écoula vite à cause du froid persistant et la neige tomba, tomba toute la journée, pure, douce, immaculée comme l'âme et le corps de la vierge qui dormait pour l'éternité sous ce tertre.

29 novembre 1896.

IX   LE PASSAGE DU SIRIUS.

Du sentier qui court le long des fleuves dans l'herbe grise de rosée, on perçoit le halètement d'une machine tandis qu'un panache de fumée noire danse sur le fleuve.

Un cri déchirant et sinistre de la sirène et le Sirius s'engage sur le pont du Teil. Lentement la cheminée se courbe vers l'arrière et le bateau descend, érafle l'eau troublée par de récentes pluies. Des vagues à la crête écumeuse se poursuivent et viennent clapoter contre la berge ou crisser rageusement parmi les roseaux du bord. Des bateaux de pêche amarrés tremblent, sursautent, dansent. Tout le fleuve est en émoi. Le Sirius descend plus lentement, semble-t-il, suit les méandres, s'allonge, se rapetisse avec toujours sa noire cheminée, crachant de la fumée, se confond avec les ilôts verts et dans la brume ténue des chauds matins, il évoque un monstre blessé regagnant ses forêts en écructant de rauques hoquets.

Le Teil, septembre 1896.

X PASSAGE DU TROUPEAU

Six heures du matin en septembre. De mon lit, je perçois vaguement comme un bourdonnement de clochettes. Maintenant le bruit augmente, j'ouvre ma croisée : c'est un grand troupeau de moutons qui tient toute la rue. En tête, vient gravement un pâtre, les jambes perdues dans des bottes à l'écuyère, le buste couvert d'une blouse neuve et toute bleue, les yeux protégés par un feutre blanchi, aux bords baissés.

A côté de lui, marche un autre berger vêtu de velours à grosses cottes et portant dans un mouchoir rouge, un tout petit agneau né en route.

La mère vient, par instants, se mettre entre les deux hommes, approche sa tête du petit et reste là jusqu'à ce qu'un léger coup de fouet ou une caressante morsure d'un des trois chiens noirs viennent la remettre à sa place dans le troupeau.

Les moutons passent, les grosses cloches des béliers solides font la basse dans tout ce tintamarre sonore.

Ils passent lentement, secouant parfois leur laine courte sur laquelle est tombée la pluie de la dernière nuit. Ils ont faim car plusieurs se détachent du troupeau, lèvent la tête vers les ouvrières qui mangent leur soupe au bord de la rue, devant la fabrique. D'autres broutent les feuilles sèches restées à des rameaux de chêne.

Malheur au premier pré isolé qui va se trouver près du chemin. Les flots vivants bigarrés de rouge et de vert vont déborder de chaque côté, ronger les regains de la vallée.

Ils passent, et toute la rue est en émoi. Des minois chiffonnés de jeunes filles se montrent aux fenêtres, des hommes se tiennent au seuil des portes, le doigt tendu vers quelque bélier remarquable par sa taille ou par ses cornes ; des enfants timides regardent à travers l'ouverture des jambes de leur papa et les plus hardis se jettent au beau milieu du troupeau, cherchent à saisir les grandes cornes, à passer la main sur la laine mouillée, à tirer la queue des bêtes ou à toucher les sonnailles.

Comme ils rient de bon cœur, les mioches joufflus dont s'effarouchent les moutons sans malice !

* * *

Tout est passé, jusqu'au dernier chien, jusqu'aux deux pâtres d'arrière-garde dont l'un porte sur ses épaules une brebis fatiguée.

Les curieux restent là, debout, immobiles, attendant pour rentrer chez eux que le dernier mouton ait disparu au premier tournant de route. Et tout en écoutant le bruit confus des clochettes qui s'éloignent, ils se disent qu'il ne doit plus y avoir d'herbe, là-haut, dans les montagnes, dans les immenses pâtis des alentours du Mézenc.

Et moi toujours accoudé à ma fenêtre, j'évoque la page délicieuse qu'Alphonse Daudet a consacrée aux bonnes bêtes de Provence.

XI   AUBE PRIVADOISE

Les quatre heures matinales sonnent au clocher et aux pendules. Les maisons grises, l'air renfrogné avec leurs tentes roulées, leurs

volets clos s'alignent jusque vers les arbres noirs du Cours du Palais,
sous le ciel étoilé, dans l'air très calme. Des lumières s'aperçoivent
dans les hôtels, les restaurants, dans quelques maisons où des gens
se préparent pour un voyage par le train de cinq heures. Un passant
furtivement traverse l'Esplanade et ses pas sonnent avec quelque
chose de troublant dans la rue solitaire.

Puis les cloches des couvents carillonnent aux quatre coins de la
ville ; des coqs claironnent la prochaine venue de la lumière.

Dans l'Avenue de la Gare, par-dessus les grands murs un fou
chante un air campagnard. Un autre parlotte avec l'air monotone
d'un prêtre dirigeant une procession. Un troisième glapit dans une
exaspération de tout son être, d'une voix dans laquelle passe tout
l'effroi que lui inspire la nuit. Et sa voix sonne étrangement sous les
préaux. Un autre encore implore : Lave-moi ! Lave-moi ! tandis
qu'une autre voix répète en patois à satiété : « Je ne veux pas aller
me coucher. » Un gardien doucement l'exhorte Je m'éloigne de ces
énormes bâtisses où se trouvent réunies toutes les misères, toutes
les aberrations de l'intelligence, et tous ces bâtiments paraissent
féroces sous la tragique lueur de l'aube.

Maintenant, par-dessus les cheminées de la gare, des bandes
transversales de fins nuages noirs, telles des îles, stagnent dans une
sorte d'océan bleu-pâle qui passe au bleu jaunâtre et finit par être
rouge aux confins de l'horizon, sur les Alpes dauphinoises.

Des ouvriers passent, allant au travail. Une voiture d'hôtel roule à
l'entrée de la ville. Les toits des wagons sous le jour qui pointe,
luisent comme s'ils étaient couverts de gelée blanche ou saupoudrés
de farine.

Septembre 1896.

XII . . LE RHONE ARDÉCHOIS

Ce Rhône est comme un trait d'union entre les brumes de Lyon et le soleil rutilant de la Provence entre le mysticisme et l'austérité de la cité Lyonnaise et le rire perlé des cités méridionales qui forment les nœuds d'une farandole fantastique allant des bords du Rhône aux rives de la côte d'azur.

Fleuve terrible dont les flots viennent battre en crissant sourdement les piles de nos ponts ardéchois j'ai souvent, assis parmi les roseaux de tes bords sablonneux entre les lônes dormantes où trempent des bâteaux noirs, évoqué ton passé, fleuve de gloire, grand chemin de toutes les invasions, fleuve dont les flots de neige et d'azur s'enflèrent d'orgueil en frôlant la proue des barques pillardes des Alains, des Vandales, des Visigoths, des Sarrasins, les bateaux armoriés des seigneurs partant pour la croisade et laissant derrière les vitres des châteaux de Tournon, de Crussol, de Lavoulte et de Rochemaure s'éplorer les châtelaines délaissées, les navires pavoisés et grandement escortés de Jean le Bon, de François I⁰ʳ. de Louis XIII et de Napoléon, et le navire tendu de rouge de Richelieu remorquant le bâteau plat, prison flottante qui détenait Cinq-Mars et de Thou, allant vers le supplice.

Je songe à tout cet apparat, à ces coups de canons tirés en l'honneur de ces passages splendides, ou contre les murailles des cités ardéchoises en rébellion. J'entends tous ces bruit d'armes renvoyés en Dauphiné par les monts grisâtres qui arrêtent tes eaux rapides et devant moi, surgit la vision triomphale de la descente des félibres. Un bateau chargé de tout ce que la littérature et l'art français comptent de célébrités, un bateau descendant majestueusement le le Rhône aux acclamations des foules enthousiastes accourues sur les rives et les ponts, un navire portant à Mistral, à Aubanel, à Roumanille et aux poètes provençaux le tribut d'admiration du cerveau de Paris.

Et tes flots, ce jour-là, Rhône glorieux, porté vers l'immortalité par Mistral avec son *Pouèmo dou Rose*, durent rugir leur chant de triomphe autour de cette carène sans pareille avec autant de joie qu'autour des barques royales. Roule tes eaux tourmentées entre tes rideaux de peupliers et les touffes de roseaux, tes eaux où se mirent nos vieilles cités vivaraises dont les châteaux éboulés parlent de sièges meurtriers, d'arquebusades entre Français, de tout un passé de sang et d'incendie.

FIN

Les volumes à paraître sur les arrondissements de Largentière et de Tournon comprendront des dessins et des pages complémentaires du présent livre, car l'auteur n'a pas la prétention d'avoir tout dit dans ce premier volume d'EN VIVARAIS.

ARDÈCHE

ARRONDISSEMENT
DE
PRIVAS

TABLE DES MATIÈRES

LES ALPES FRANÇAISES

ÉTUDES
SUR

L'ÉCONOMIE ALPESTRE
Et l'application de la Loi du 4 avril 1882
A LA RESTAURATION ET A L'AMÉLIORATION DES PATURAGES
Par F. BRIOT
Inspecteur des Forêts
Ouvrage couronné par la Société nationale d'agriculture de France

Un beau volume grand in-8° de 625 pages, avec 142 figures dans le texte (constructions diverses en montagne, chalets, étables, halles, etc. : plantes herbacées nuisibles et utiles ; plans et instruments de fruitières et de laiteries industrielles), 6 planches en héliogravure (paysages typiques), et 2 cartes géologiques en couleurs, broché : 25 fr.

FRANCE-ALBUM

www.ingramcontent.com/pod-product-compliance
Lightning Source LLC
Chambersburg PA
CBHW070359090426
42733CB00009B/1469